英文会計が
基礎から
わかる本

清村 英之　著
Kiyomura Hideyuki

第**3**版

同文舘出版

Preface to the 3rd Edition （第3版まえがき）

2001年から東京商工会議所主催で実施され，累計91万人が受験したというBATIC®（国際会計検定）が，2022年第44回試験をもって終了した（BATICのHPより）。近年も試験範囲を改訂し，充実した内容となっていただけに残念である。

検定は終了したが，英文会計を学習する必要性が失われたわけではない（現在でも，BATICのHPで公式テキストと問題集が販売されている）。逆に，IFRS適用企業の増加に伴い，これらの企業の財務諸表と，IFRSを適用している海外企業の財務諸表（当然だが，英文で作成されている）を容易に比較できるようになったことから，英語で会計を学ぶ意義は高まっているといえる。

第3版では，まず，Inventories（棚卸資産），Property, Plant and Equipment（有形固定資産），Intangible Assets（無形資産），Bonds（社債），Income Tax（法人所得税）など，IFRS適用企業の財務諸表に計上される項目を追加し，Part 2〜3の内容を大幅に書き換えた（問題の作成に当たっては，過去のBATIC® Subject 2の問題を参考にさせていただいた）。また，財務諸表の名称や構成を，できるだけIFRSを反映するように工夫した。

第3版の出版に際しても，同文舘出版株式会社の青柳裕之氏には校正作業等において行き届いたご協力をいただいた。厚く御礼を申し上げたい。

2024年6月

清村　英之

＊参考文献
- 東京商工会議所編『BATIC（国際会計検定）® 公式テキスト』中央経済社，2021年。
- 東京商工会議所編『BATIC（国際会計検定）® 公式問題集』中央経済社，2021年。
＊筆者のHP（http://www.okiu.ac.jp/gakubu/sangyojoho/teacher/hkiyomura）で，練習問題の解答用紙をダウンロードできます。ご利用ください。

Preface （まえがき）

　日本取引所グループの調べによれば，2015 年 3 月末日現在，IFRS（国際会計基準）を適用（適用を予定）している企業数は 73 社である（同グループの HP を参照）。昨年度末の適用（適用予定）企業数は 30 社だったので，この 1 年間で大幅に増えたことがわかる。このような，適用（適用予定）企業数の増加に伴い，国際会計に対する関心，また，英文会計に対する関心も再び高まってきた。

　本書は国際会計・英文会計に興味をもった方々を対象とした，英文会計の入門書である。その特徴は，日本語での簿記・会計の学習の経験がなくても，つまり，簿記の知識がまったくなくても，本書を読み進めるにつれて，簿記・会計の基礎が，さらには英文会計の基礎が身に付くように構成されていることである。また，すべての練習問題に和訳を付けたことも，本書の特徴である。英語があまり得意ではなくても，和訳を参考に問題を解くことによって，様々な英文での表現に慣れてくるはずである。

　本書の構成は，次のとおりである。基礎的内容から応用的内容まで，段階的に学べるように著されている。

　Part 1 の An Introduction to Accounting（会計入門）では，簿記・会計を初めて学ぶ方々を対象に，会計の意義や目的を明らかにするとともに，会計の基礎概念とその基本的仕組みを説明している。

　Part 2 の Recording Business Transactions（取引の記帳）では，商品売買取引，手形取引，資金調達取引など，様々な取引の処理方法について，また，これら取引の帳簿への記帳法について，数多くの設例を用いて具体的に説明している。

　Part 3 の Year End!（年度末！）では，年度末の会計処理，具体的には，試算表の作成から決算整理仕訳，締切仕訳，財務諸表の作成について，数多くの設例を用いて具体的に説明している。

　Par 4 の Other Subjects（その他の論点）では，財務諸表分析，内部統制，会計原則など，様々な論点について，（やや難解な論点も含まれるが）できるだけ安易な表現を用いて説明している。

　本書は大学・短期大学における英文簿記・会計の教科書として，また，東京商工会議所主催の BATIC（国際会計検定）® Subject 1 の参考書として利用されることも意図している。そのため，本書には 100 を超える練習問題を収録し，巻末には練習問題の和訳と解答・解説を掲載した（問題の作成に当たっては，BATIC® Subject 1 の過去問題を参考にさせていただいた）。これらを繰り返し解くことで，本当の実力を身に付けてもらいたい。

　本書の出版に際して，同文舘出版株式会社編集局専門書編集部の青柳裕之氏には企画段階から校正作業に至るまで，格別のご配慮と行き届いたご協力をいただいた。厚く御礼を申し上げたい。

　なお，本書の刊行に当たり，沖縄国際大学から「研究成果刊行奨励費」の交付を受けた。ここに記して謝意を示したい。

　2015 年 9 月

清村　英之

＊「BATIC®」「BATIC（国際会計検定）®」は東京商工会議所の登録商標です。

＊参考文献
- 東京商工会議所編『BATIC® Subject 1 公式テキスト（新版）』中央経済社，2015 年。
- 東京商工会議所編『BATIC® Subject 1 問題集（新版）』中央経済社，2015 年。
- 東京商工会議所，BATIC（国際会計検定）® Subject 1，過去問題。
- International Accounting Standards Board, *The Conceptual Framework for Financial Reporting 2010*, 2010：IFRS 財団編，企業会計基準委員会・財務会計基準機構監訳『国際財務報告基準 2014（IFRS®）』中央経済社，2014 年，A17-A45 頁。
- その他，（紙面の都合上）詳細は記載できませんが，米国・英国のテキストを多数参考にしました。

＊筆者の HP（http://www.okiu.ac.jp/hkiyomura_hp/）で，練習問題の解答用紙をダウンロードできます。ご利用ください。

Contents （目次）

Part 1

An Introduction to Accounting

会計入門

Part 1 では，会計の意義・目的，会計の基礎概念とその基本的仕組みを学ぶ。これらは，英文会計を学ぶに当たり基礎となる部分である。頁数こそ少ないが，本書をマスターできるかどうかは，本編の学習にかかっているので，十分に時間をかけて学習してほしい。

Chapter 1

What is Accounting?
会計とは？

1 What is Accounting?（会計とは？）

（1） What is Accounting?（会計とは？）

Accounting（会計）は，「企業の経営活動を認識・測定し，その結果を報告する行為である」と定義される。つまり，会計とは様々な企業活動を表現（描写）するプロセスであり，そのため，Accounting is the language of business（会計はビジネスの言語である）といわれる。

(注) 上記は本書で学ぶ企業会計の定義である（(4)参照）。

（2） Purpose of Accounting（会計の目的）

上述のように，会計は企業活動を測定・報告する行為であるが，誰に対して，何のために報告するのだろうか。International Accounting Standards Board（国際会計基準審議会。詳細は Chapter 13 で学ぶ）の「財務報告に関する概念フレームワーク」（2018 年改訂版）では，会計の目的は現在および潜在的な投資家，融資者およびその他の債権者が，企業への資源の提供に関する意思決定を行う際に有用な財務情報を提供することである，と述べられている（par.1.2）。

資源の提供に関する意思決定とは，例えば，①株式や社債を購入すべきか，保有している株式・社債を売却すべきか，それとも保有し続けるべきか，②貸付けを行うべきか，貸し付けている資金を回収すべきか，③株主総会において，経営陣が提案した議案に賛成票を投ずるべきか，という判断である（par.1.2(a)～(c)）。このように，会計は投資家が投資機会を判断する際，融資者が与信決定を行う際，または株主が議決権の行使を判断する際などに役立つ情報を提供することを目的としている。

(3)　Accounting and Bookkeeping（会計と簿記）

　企業の経営活動を測定するための組織的な記帳技術を Bookkeeping（簿記）という。簿記によって作り出された記録を基に会計報告が行われるので，簿記は会計の目的を達成するためには欠かせない技術である。また，一般に簿記といえば Double-entry bookkeeping（複式簿記）を指し，その仕組みは Chapter 2～3で詳しく学ぶが，企業活動を二面的に捉え，二面的記録（複式記録）を行うことから複式簿記と呼ばれている。

(4)　Types of Accounting（会計の種類）

　会計には営利組織を前提とする Corporate accounting（企業会計）と，行政機関や非営利組織を対象とする Governmental and not-for-profit accounting（官庁会計・非営利会計）がある。また，企業会計は企業外部の利害関係者を報告の対象とする Financial accounting（財務会計）と，企業内部の管理者に対して，経営計画の策定や業績評価に役立つ情報を提供する Managerial accounting（管理会計。または Management accounting）に分類されるが，本書では財務会計を扱う。

2　Assumptions（会計公準）

(1)　Economic Entity Assumption（企業実体の公準）

　会計を成立させるための基礎的な前提・仮定を Assumptions（会計公準）という。Economic entity assumption（企業実体の公準）とは，会計は企業の経営活動を測定の対象とするという前提である。したがって，個人企業の場合でも，企業活動と出資者（事業主）の経済活動とを明確に分離して，企業の経営活動のみを測定の対象としなければならない。

(2)　Monetary Unit Assumption（貨幣的評価の公準）

　企業の経営活動を測定するためには，何らかの計算尺度が必要であるが，会計では貨幣額を計算尺度として用いる。これを Monetary unit assumption（貨幣的評価の公準）という。したがって，貨幣額に換算できないものは，経営者

の手腕や従業員の技能などのように，それが企業活動に役立つものであっても，会計の対象とはならない。

(3)　Going Concern Assumption（継続企業の公準）

　今日の企業は，その経営活動を反復的・継続的に営むと仮定されている。これを Going concern（継続企業）という。そのため，人為的に一定の計算期間を設け，その期間を単位として企業活動を測定することが必要になる。このような人為的に区切られた期間を Accounting period（会計期間）といい，会計期間が 1 年間の場合は，Fiscal year（会計年度。FY と略す）と呼ぶ。

　また，会計期間の初めを Beginning of a period（期首），終わりを End of a period（期末。または Year-end）という。わが国では，4 月 1 日から翌年 3 月 31 日までを会計期間とする企業が多いが（個人企業は除く），欧米企業は 1 月 1 日を期首，12 月 31 日を期末とするのが一般的である。このように，暦年を会計期間とする企業を Calendar-year company という。以下，本書の Exercise における企業の会計期間は，すべて暦年（1 月 1 日から 12 月 31 日）とする。

Exercises

Q1　Under the _____, a company records its financial activities separate from those of its owners. Select the most appropriate number to fill in the above blank.

① Economic entity assumption　　④ Stable-dollar assumption

② Going concern assumption　　⑤ Time period assumption

③ Monetary unit assumption

Q2　Which of the following is the assumption that a company will continue in operation for the foreseeable future?

① Economic entity assumption　　④ Stable-dollar assumption

② Going concern assumption　　⑤ Time period assumption

③ Monetary unit assumption

Chapter 2

Basic Concepts of Accounting
会計の基礎概念

1 Assets, Liabilities, Equity, and Balance Sheet
（資産・負債・資本と貸借対照表）

(1) Assets, Liabilities, and Equity（資産・負債・資本）

購入や生産など，過去の事象の結果として企業が支配している現在の Economic resource（経済的資源。経済的便益を生み出す潜在能力を有する権利）を **Assets**（資産）という（IASB「財務報告に関する概念フレームワーク」（2018 年改訂版），par.4.3）。その特徴は，直接的・間接的に企業へ現金をもたらすことで（旧「概念フレームワーク」par.4.8），例えば，機械を使用して製品を製造し，これを販売することによって，企業は現金を得ることができる。また，資産は有形のものとは限らない。Patent（特許権）や Copyright（著作権）のような無形のものであっても，上記の定義を満たせば資産となる。

- Cash（現金預金）……硬貨・紙幣，普通預金・当座預金など
- Accounts receivable（売掛金・未収入金）
  ……代金後払いの約束で商品などを販売した場合に生ずる債権
- Notes receivable（受取手形）……手形を受け取った際に生ずる債権
- Inventory（商品・繰越商品）……販売目的で保有している物品
- Office supplies（消耗品）……ボールペン，コピー用紙など
- Equipment（備品）……机・椅子，パソコン，コピー機など
- Delivery equipment（車両運搬具）……オートバイ，自動車など
- Machinery（機械装置）……各種の機械・装置
- Building（建物）……店舗，事務所，工場など

> - Land（土地）……店舗，事務所，工場などの敷地
> - Patent（特許権）……産業上利用可能な発明を独占的に使用できる権利

　これに対して，過去の事象の結果として経済的資源を移転する現在の Obligation（債務）を **Liabilities**（負債）と呼ぶ（par.4.26）。

> - Accounts payable（買掛金・未払金）
>   ……代金後払いの約束で商品などを購入した場合に生ずる債務
> - Notes payable（支払手形）……手形を振り出した際に生ずる債務
> - Loans payable（借入金）……現金を借り入れたときに生ずる債務
> - Bonds payable（社債）……社債券を発行することによって生ずる債務

　また，すべての負債を控除した後の資産に対する Residual interest（残余持分）を **Equity**（資本）という（par.4.63）。つまり，資本とは資産から負債を差し引いた差額であり，Net assets（純資産）ということもある。

> - Share capital（資本金）……株主からの払込金
> - Retained earnings（利益剰余金）……過年度の利益の留保額

（2）　**Accounting Equation**（会計等式）
　資本は資産から負債を控除した差額なので，この関係を算式で示すと，
　　　Assets－Liabilities＝Equity
となり，この算式の負債を右辺に移項すると，
　　　Assets＝Liabilities＋Equity
となる。これを **Accounting equation**（会計等式）という。

（3）　**Balance Sheet**（貸借対照表）
　一定時点における資産・負債・資本の状態を Financial position（財政状態）

といい，財政状態を明らかにする計算書を **Balance sheet**（貸借対照表。B/S と略す）という。

(注) IFRS では，Balance sheet ではなく，Statement of financial position（財政状態計算書）
　　という計算書名が用いられている（Chapter 11 参照）。

　貸借対照表の左側には資産を，右側には負債と資本を記載する。会計等式に示されているように，左側に記載される資産と，右側に記載される負債と資本の合計額は常に等しい。例えば，20x1 年 1 月 1 日の資産が $10,000，負債が $5,000 のとき，貸借対照表を作成すれば，以下のとおりである（実際には，現金などの項目名と金額を記載する。詳細は Chapter 11 で学ぶ）。

Balance Sheet (1/1)

Assets　$10,000	Liabilities　$5,000
	Equity　$5,000

　企業の経営活動によって，資産・負債・資本は絶えず増減する。その結果，期末の資本が期首の資本よりも大きくなった場合，その差額を **Profit**（利益）という。例えば，20x1 年 12 月 31 日（期末）の資産が $15,000，負債が $5,000 のとき，期末の貸借対照表を作成すれば，

Balance Sheet (12/31)

	Liabilities　$5,000
Assets　$15,000	Equity　$10,000

となる。したがって，利益は次のように計算される。

　　Profit = Ending equity − Beginning equity = $10,000 − $5,000 = $5,000

Exercises

Q1　Which of the following is classified into assets?

　①　Accounts payable　　　　④　Retained earnings

　②　Accounts receivable　　　⑤　Share capital

③ Notes payable

Q2 Which of the following is classified into liabilities?

① Bonds payable   ④ Retained earnings

② Building   ⑤ Share capital

③ Notes receivable

Q3 Equity is the residual interest in the ⬚A⬚ of a company after deducting its all ⬚B⬚ . Select the most appropriate combination to fill in the above blanks.

	A	B
①	Assets	Liabilities
②	Assets	Net assets
③	Liabilities	Assets
④	Liabilities	Net assets
⑤	Net assets	Assets

Q4 Which of the following correctly shows the accounting equation?

① Assets = Equity − Liabilities   ④ Assets + Equity = Liabilities

② Assets = Liabilities − Equity   ⑤ Assets + Liabilities = Equity

③ Assets = Liabilities + Equity

Q5 Akahira Company has assets of $350,000 and equity of $200,000. What is the amount of Akahira Company's liabilities?

Q6 A balance sheet shows the company's ⬚ at the end of a period. Select the most appropriate number to fill in the above blank.

① Cash flow   ④ Operating budget

② Financial position   ⑤ Result of operation

③ Manufacturing cost

2　Income, Expense, and Income Statement
（収益・費用と損益計算書）

（1）　Income and Expense （収益・費用）

　資本の増加（株主からの出資に関するものを除く）をもたらす資産の増加または負債の減少を Income（収益）という（par.4.68）。

- Sales（売上）……商品の販売高
- Fees income（受取手数料）……商品売買の仲介などにより受け取った手数料
- Rent income（受取家賃）……店舗，事務所などの賃貸料
- Interest income（受取利息）……預金，貸付金の利息

　これに対して，資本の減少（株主への分配に関するものを除く）をもたらす資産の減少または負債の増加を Expense（費用）と呼ぶ（par.4.69）。

- Advertising expense（広告宣伝費）
　……新聞，雑誌，ラジオ，テレビなどの広告料
- Communication expense（通信費）……電話代，切手代など
- Insurance expense（支払保険料）……火災保険，盗難保険などの保険料
- Rent expense（支払家賃）……店舗，事務所などの賃借料
- Salaries expense（給料）……従業員などに支払う給料
- Travel expense（旅費交通費）……電車代，バス代，タクシー代など
- Utilities expense（水道光熱費）……水道代，電気代，ガス代など
- Interest expense（支払利息）……借入金の利息

（2）　Profit （利益）

　Profit（利益）は，収益から費用を差し引くことによって求めることもできる。これを算式で示すと，以下のとおりである。

Profit = Income − Expense

なお，計算結果がマイナスになる場合，つまり，費用が収益よりも大きいときは Loss（損失）となる。

(3)　Income Statement（損益計算書）

一定期間の収益・費用と，その差額である利益（または損失）を Result of operation（経営成績）といい，経営成績を明らかにする計算書を Income statement（損益計算書）という。損益計算書は P/L と略されることが多いが，これは以前，Profit and loss statement と称していた頃の名残である。

(注) IFRS では，Income statement ではなく，Statement of profit or loss（純損益計算書）という計算書名が用いられている（Chapter 11 参照）。

損益計算書の左側には費用を，右側には収益を記載する。そして，収益が費用よりも大きければ左側に利益を，逆に，費用が収益よりも大きければ右側に損失を記入する。例えば，20x1 年 1 月 1 日から 12 月 31 日までの収益が $10,000，費用が $5,000 のとき，損益計算書を作成すれば，以下のとおりである。

Income Statement (1/1～12/31)

Expense　$5,000	Income　$10,000
Profit　$5,000	

(4)　Relationship between B/S and P/L（貸借対照表と損益計算書の関係）

利益は貸借対照表と損益計算書で同時に計算され，それは必ず一致する。したがって，その結果を照合することによって，計算の正確性を検証することができる。

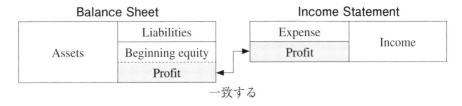

Exercises

Q7 An income statement shows the company's [＿＿＿＿] during a period. Select the most appropriate number to fill in the above blank.

- ① Cash flow
- ② Financial position
- ③ Manufacturing cost
- ④ Operating budget
- ⑤ Result of operation

Q8 What is another name for an income statement?

- ① A cash flow statement
- ② A profit and loss statement
- ③ A statement of financial position
- ④ A trial balance
- ⑤ A worksheet

3 Transactions （取引）

（1） Transactions （取引）

　すでに学んだように，企業の経営活動を測定するための記帳技術を簿記というが，企業活動のすべてが記録の対象となるのではない。簿記では企業活動のうち，簿記上の **Transactions** （取引）を識別し，これを記録の対象とする。

　一般に，取引は「商人間の売買行為」や「営利のための経済行為」を意味するが，簿記上では「資産・負債・資本のいずれかに増加または減少を及ぼす事象」を指す。収益・費用の発生または消滅も，資本の増減を引き起こすことになるので取引に該当する。例えば，火災や盗難による損失は，一般的な意味での取引には含まれないが，火災・盗難によって資産が減少するので，簿記上の取引に相当する。これに対して，売買契約や不動産の賃貸借契約の締結は，一般的な意味での取引に相当するが，契約締結によって資産・負債・資本は増加しないし，また，減少もしないので，簿記上の取引には含めない。実際に代金を受け取った（支払った）とき，または受け取る権利（支払う義務）が生じたときに，取引が発生したものとして処理する。

（2）　**Analyzing Transactions**（取引の分析）

　簿記上の取引は，すべて原因と結果の関係に分解できる。「パソコン $500 を購入し，代金は現金で支払った」という取引を想定しよう。パソコンの購入によって，パソコン（備品）は増加する。しかし，その一方で，代金を現金で支払うので，現金は減少する。つまり，この取引は備品（資産）の増加という原因と，現金（資産）の減少という結果に分解できる。同様に，以下の①〜⑤の取引を分解してみよう。

　① 株式を発行し，現金 $10,000 を受け取った。

　　→ Cash（現金：資産）の増加，Share capital（資本金：資本）の増加

　② 銀行から現金 $2,000 を借り入れた。

　　→ Cash（現金：資産）の増加，Loans payable（借入金：負債）の増加

　③ 手数料 $900 を現金で受け取った。

　　→ Cash（現金：資産）の増加，Fees income（受取手数料：収益）の発生

　④ 給料 $600 を現金で支払った。

　　→ Salaries expense（給料：費用）の発生，Cash（現金：資産）の減少

　⑤ 銀行へ借入金 $1,000 を返済した。

　　→ Loans payable（借入金：負債）の減少，Cash（現金：資産）の減少

　複式簿記の特徴は，取引を原因と結果の面から二面的に記録することにある。したがって，取引の分析は簿記の手続の中で，最も重要な作業となる。

Exercises

Q9　Asato Company bought a delivery equipment on account. What was the net effect on the accounting equation cased by the transaction?

	Assets	Liabilities	Equity
①	Decrease	Decrease	No effect
②	Increase	Decrease	No effect
③	Increase	Increase	Increase
④	Increase	Increase	No effect
⑤	No effect	Increase	Increase

Q10   Which of the following transactions does not have net effect on the amount of assets in the accounting equation?

① Borrowed cash from a bank.

② Bought equipment on account.

③ Bought equipment with cash.

④ Issued ordinary shares for cash.

⑤ Paid cash to a creditor.

Q11   Which of the following transactions increases the amount of liabilities in the accounting equation?

① Bought stamps with cash.

② Bought stationary on account.

③ Bought stationary with cash.

④ Paid cash for a rent expense.

⑤ Repaid loans to a bank.

Q12   Which of the following transactions decreases the amount of equity in the accounting equation?

① Borrowed cash from a bank.

② Bought machinery on account.

③ Issued ordinary shares for cash.

④ Paid cash for a travel expense.

⑤ Received cash as interest from a bank.

４ Accounts （勘定）

（1）   Accounts and Account Title （勘定・勘定科目）

取引が発生したら，これを一定のルールに従って記録しなければならないが，一口に資産といってもその種類や性質は異なるので，記録のための区分（単位）

を設けなければならない。この区分を Accounts（勘定）といい，勘定に付けられた科目名を Account title（勘定科目）と呼ぶ。例えば，机や椅子などを記録するために 1 つの区分を設定する場合，この区分を勘定といい，これに備品という名称，つまり，勘定科目が付けられる。

(2)　T-Accounts（T 勘定）

　勘定の増減を記録する様式として，通常，T-Accounts（T 勘定）が用いられる（以下に示すように，アルファベットの「T」の字に似ているので，T 勘定と呼ばれている）。そして，「T」の字の「｜」を境として，勘定を左右に区分し，増加（発生）と減少（消滅）をそれぞれ別々に記入する。複式簿記の特徴である二面的な記入に適った形式が採られているのである。

Account Title	
Debit	Credit

　T 勘定の左側を Debit（借方），右側を Credit（貸方）という。借方・貸方という用語は歴史的にはそれなりの意味があったが，現在では単に左側・右側を示す簿記・会計上の呼び方に過ぎない。なお，Debit を Dr., Credit を Cr. と略すこともある。

(3)　Rules of Debit and Credit（勘定記入のルール）

　取引が発生したら，まず，これを原因と結果に分解し，記入すべき勘定科目と金額を確定する。次に，その勘定の借方に記入すべきか，または貸方に記入すべきかを決定しなければならないが，増加（発生）は同じ側に，また，減少（消滅）は反対側に記入する。ここで，同じ側・反対側は，貸借対照表と損益計算書の場所を基準とする。つまり，左側にある資産・費用は借方，右側にある負債・資本・収益は貸方を基準とする。

　したがって，借方を基準とする資産が増加した場合，増加は同じ側だから，借方に記入する。逆に，資産が減少した場合，減少は反対側だから，貸方に記入する。これをまとめたのが，以下に示す Rules of debit and credit（勘定記

入のルール）である。

⟨Rules of Debit and Credit⟩

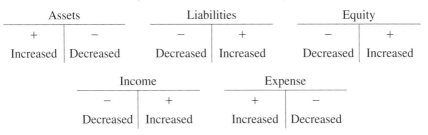

Assets		Liabilities		Equity	
+	−	−	+	−	+
Increased	Decreased	Decreased	Increased	Decreased	Increased

Income		Expense	
−	+	+	−
Decreased	Increased	Increased	Decreased

先の「パソコン $500 を購入し，代金は現金で支払った」という取引は，備品（資産）の増加という原因と，現金（資産）の減少という結果に分解された。これを上記の勘定記入のルールに従って記入すれば，以下のとおりである。

Equipment		Cash	
500			500

12 頁の取引①〜⑤も，それぞれの勘定に記入してみよう。

Cash			
①	10,000	④	600
②	2,000	⑤	1,000
③	900		

Share capital		
	①	10,000

Fees income		
	③	900

Loans payable			
⑤	1,000	②	2,000

Salaries expense		
④	600	

（4） Account Balance（勘定残高）

　勘定の借方合計額と貸方合計額の差額を Account balance（勘定残高）という。借方合計額が貸方合計額よりも大きい場合は Debit balance（借方残高）といい，逆に，貸方合計額が借方合計額よりも大きいときは Credit balance（貸方残高）

と呼ぶ。したがって，上記の現金勘定は借方合計額が $12,900，貸方合計額が $1,600 なので，$11,300 of debit balance（$11,300 の借方残高）である。

Exercises

Q13 Determine whether each of the following is debited or credited. Check（✓）the right answer.

	Debit	Credit
1. Decrease of accounts payable	[ ]	[ ]
2. Decrease of accounts receivable	[ ]	[ ]
3. Decrease of loans payable	[ ]	[ ]
4. Decrease of retained earnings	[ ]	[ ]
5. Increase of bonds payable	[ ]	[ ]
6. Increase of fees income	[ ]	[ ]
7. Increase of machinery	[ ]	[ ]
8. Increase of share capital	[ ]	[ ]
9. Increase of utilities expense	[ ]	[ ]

Q14 Which of the following most appropriately describes the transaction shown on the T-accounts below?

Equipment		Accounts payable	
10,000			10,000

① Bought equipment with cash.
② Bought equipment on account.
③ Disposed equipment.
④ Returned equipment.
⑤ Used equipment.

Q15 The following is Arakaki Company's cash account in April.

	Cash		
4/4	400	4/5	100
20	500	15	300
		30	200

Which of the following correctly describes each transaction of the cash account?

① On 4 April, Arakaki Company paid $400 cash to settle an accounts payable.

② On 5 April, Arakaki Company purchased $100 of stationery on account.

③ On 15 April, Arakaki Company purchased $300 of merchandise with cash.

④ On 20 April, Arakaki Company sold $500 of merchandise on account.

⑤ On 30 April, Arakaki Company received $200 cash in settlement of an accounts receivable.

Q16 During May, Oshiro Company had the following cash transactions.

Date	Transaction
5	Sold merchandise, $1,000.
10	Purchased merchandise, $900.
15	Received $800 in settlement of an accounts receivable.
25	Paid salaries, $700.
30	Settled an accounts payable, $600.

On 1 May, the beginning balance of Oshiro Company's cash account was $2,000 on debit side. Calculate the amount on the ending balance of Oshiro Company's cash account on 31 May.

Part 2
Recording Business Transactions
取引の記帳

Part 2 では，商品売買，有形固定資産の取得・売却など，様々な取引の処理方法を学ぶ。特に，Chapter 3 で学習する Journalizing（仕訳）は，英文会計の最も基本的な手続なので，筆記用具を手にとって，練習問題を繰り返し解答してほしい。

Chapter 3

Journalizing and Posting
仕訳と転記

1 Accounting Cycle（簿記一巡の手続）

　取引が発生したら，まず，これを一定のルールに従って仕訳帳に記入する。この手続を仕訳といい，仕訳帳は取引を発生した日付順に記録する，いわば企業の日記帳である。次に，元帳に用意された勘定へ，仕訳帳の記録を記入し直す。つまり，勘定別に金額を集計する。これを転記という。そして，ここまでの記録に間違いがなかったかどうかを確認するため，試算表を作成して検証する。試算表を作成し，記録の正確性が確認できたら，決算整理仕訳を行い，勘定を締め切り，損益計算書と貸借対照表を作成する。以上の手続を **Accounting cycle**（簿記一巡の手続）という。

　試算表は Chapter 8，決算整理仕訳は Chapter 9，締切仕訳は Chapter 10，財務諸表（純損益計算書と財務状態計算書）の作成は Chapter 11 でそれぞれ学ぶ。

〈Accounting Cycle〉

Transactions（取引）

↓

Journal（仕訳帳）

↓

Ledger（元帳）

↓

Trial balance（試算表）

↓

Adjusting entries
（決算整理仕訳）

↓

Closing entries
（締切仕訳）

↓

Financial statements
（財務諸表）

Exercise

Q1　Rearrange the following accounting steps in proper order.

1. Posting to a ledger

2. Journalizing（Journal entry）

3. Preparation of financial statements

4. Preparation of a trial balance

① 1. → 2. → 3. → 4.   ④ 2. → 1. → 4. → 3.

② 1. → 2. → 4. → 3.   ⑤ 3. → 4. → 1. → 2.

③ 2. → 1. → 3. → 4.

② Journalizing（仕訳）

　取引が発生したら，これを Journal（仕訳帳）に記録する手続を Journalizing（仕訳。または Journal entry）という。取引を勘定へ直接記入すると，間違いや記入漏れが生ずるおそれがあるし，また，後でその内容を知るのに不便なので，歴史的記録を作るのである。

　仕訳は，次のような手順で行う。まず，取引を原因と結果に分解し，記入すべき勘定科目とその金額を確定する。次に，借方に記入すべきか，または貸方に記入すべきかを決定する。借方・貸方記入のルール（仕訳のルール）は，下記のように，Chapter 2 で学んだ勘定記入のルールと同じである。

〈Rules of Journalizing〉

Debit entry（借方記入）	Credit entry（貸方記入）
Increase of assets（資産の増加）	Decrease of assets（資産の減少）
Decrease of liabilities（負債の減少）	Increase of liabilities（負債の増加）
Decrease of equity（資本の減少）	Increase of equity（資本の増加）
Decrease of income（収益の消滅）	Increase of income（収益の発生）
Increase of expense（費用の発生）	Decrease of expense（費用の消滅）

　先の「パソコン $500 を購入し，代金は現金で支払った」という取引は，備品の増加という原因と，現金の減少という結果に分解された。備品は資産だから基準は借方であり，増加したので同じ側，つまり，借方に記入する。また，現金も資産だから基準は借方であるが，減少したので反対側，つまり，貸方に記入する。これを仕訳の形式で表せば，以下のとおりである。

Dr. Equipment	500	
Cr. Cash		500

　まず，1行目に借方勘定科目と金額を記入する。その際，勘定科目の前に「Dr.」（Debit の略）と書き，借方勘定科目であることを示す。次に，2行目に貸方勘定科目と金額を記入する。貸方勘定科目は借方勘定科目よりも1～2文字分，右側にずらして記入する。また，勘定科目の前に「Cr.」（Credit の略）と書き，貸方勘定科目であることを示す。なお，金額に「$」を付ける必要はない。

❸　Posting（転記）

　発生した取引を仕訳帳に仕訳したら，次に，これを Ledger（元帳）の各勘定へ書き移し，勘定別に金額を集計する。この手続を Posting（転記）という。転記することによって，各勘定の増加額と減少額が明らかになる。

　転記は仕訳した側と同じ側に記入するという，単純で機械的な作業である。つまり，借方に仕訳したものはその勘定の借方に記入し，貸方に仕訳したものはその勘定の貸方に記入すればよい。

　先の「パソコン $500 を購入し，代金は現金で支払った」という取引は，次のように転記される。

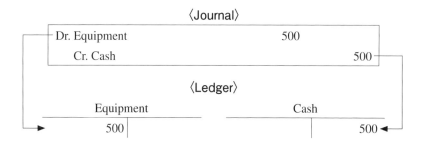

4 General Journal and General Ledger
（普通仕訳帳と総勘定元帳）

(1) General Journal （普通仕訳帳）

				General journal						G1
Date		Description				P.R.	Debit		Credit	
①		②				③	④		⑤	

　普通仕訳帳の記入方法は，以下のとおりである（帳簿名右端の「G1」は普通仕訳帳の1頁目ということを表している）。

　① Date（日付欄）：取引が発生した日付を記入する（月は翌月になるまで，または新しい頁に移るまで繰り返して記入する必要はない。以下の帳簿も同様）。

　② Description（摘要欄）：1行目に借方勘定科目を，2行目に貸方勘定科目を記入する（貸方勘定科目は1〜2文字分，右側にずらして記入する）。また，取引の簡単な説明を記入する。

　③ P.R.（元丁欄）：総勘定元帳への転記後，その勘定の頁数を記入する（P.R. は Posting reference（転記参照）の略）。

　④ Debit（借方欄）：借方金額を借方勘定科目と同じ行に記入する。

　⑤ Credit（貸方欄）：貸方金額を貸方勘定科目と同じ行に記入する。

(2) General Ledger （総勘定元帳）

				Cash				1
Date	Explanation	Ref.	Amount	Date	Explanation	Ref.	Amount	
①	②	③	④	①	②	③	④	

　総勘定元帳の記入方法は，以下のとおりである（勘定科目名右端の「1」は元帳の1頁目ということを表している）。

① Date（日付欄）：取引が発生した日付を記入する。

② Explanation（摘要欄）：取引の簡単な説明を記入する。

③ Ref.（仕丁欄）：転記された仕訳が記帳されている普通仕訳帳の頁数を記入する（Ref. は Reference（参照）の略）。

④ Amount（金額欄）：仕訳の借方金額または貸方金額を記入する。

例えば，4月5日に机・椅子 $1,000 を購入し，代金は後日支払うことにしたという取引は，次のように記入される。

General journal   G1

Date	Description	P.R.	Debit	Credit
5 April	Equipment	1	1,000	
	Accounts payable	2		1,000
	Bought equipment on account.			

General ledger

Equipment   1

Date	Explanation	Ref.	Amount	Date	Explanation	Ref.	Amount
5 April		G1	1,000				

Accounts payable   2

Date	Explanation	Ref.	Amount	Date	Explanation	Ref.	Amount
				5 April		G1	1,000

普通仕訳帳に仕訳を記入する際，以下に示すように，借方勘定科目を左寄せ，貸方勘定科目を右寄せで記入することもある。

General journal   G1

Date	Description	P.R.	Debit	Credit
5 April	Equipment	1	1,000	
	Accounts payable	2		1,000

Exercise

Q2   Hidaka Company had the following transactions during May. Record the following transactions in general journal, then post them to the general ledger.

Date	Transaction
1	Issued ordinary shares, all at par value, for $10,000 cash.
10	Bought $7,000 worth of equipment with cash.
20	Borrowed and received $5,000 cash from bank.

General journal   G1

Date	Description	P.R.	Debit	Credit

General ledger

Cash   1

Date	Explanation	Ref.	Amount	Date	Explanation	Ref.	Amount

Equipment   2

Date	Explanation	Ref.	Amount	Date	Explanation	Ref.	Amount

Loans payable   3

Date	Explanation	Ref.	Amount	Date	Explanation	Ref.	Amount

Share capital

4

Date	Explanation	Ref.	Amount	Date	Explanation	Ref.	Amount

わが国との違い①

　わが国では，精算表の作成は任意なので，簿記一巡の手続にも含められていない。これに対して，英文会計では，精算表の作成を必須とするか，また，一巡に含めるかどうかはテキストによって様々である。精算表の作成を必須とし，簿記一巡の手続に含める場合，一巡は以下のように説明される。

　①取引の発生 → ②仕訳 → ③転記 → ④試算表の作成 → ⑤決算整理仕訳 → ⑥精算表の作成 → ⑦財務諸表の作成 → ⑧締切仕訳 → ⑨締切後試算表の作成

　また，精算表の作成をオプションとする（一巡には含めない）場合，簿記一巡の手続は次のようになる。

　①取引の発生 → ②仕訳 → ③転記 → ④試算表の作成 → ⑤決算整理仕訳 → ⑥決算整理後試算表の作成 → ⑦財務諸表の作成 → ⑧締切仕訳 → ⑨締切後試算表の作成

　いずれの場合でも，締切仕訳と締切後試算表の作成が財務諸表作成の後に位置付けられている点が，わが国の簿記・会計とは異なっている。本書は英文会計のテキストなので米国・英国のテキストを参考にし，また，基本的はこれらに準拠しているが，財務諸表は元帳の勘定記録に基づき作成されるべきいう立場から，簿記一巡の手続の順序を変えている。

Chapter 4

Financial Assets
金融資産

1 Cash（現金預金）

(1) Cash（現金預金）

Cash（現金預金）とは，Coins（硬貨）・Paper money（紙幣），Deposit in bank（銀行預金）の他，Cheques（他人振出しの小切手。または Checks）や Money orders（送金為替）など，銀行が預金として受け付けるものをいう。

現金をもつことによって生ずる手間や危険を避けるため，通常，金銭の受払いは当座預金口座を通して行われる。

(注) 次章以降，「代金は現金で支払った」という取引を多用するが，これは理解しやすさを優先し，取引を単純化したためである。

(2) Bank Reconciliation（銀行勘定調整表）

上述のように，金銭の受払いは当座預金口座を通して行われる。Cheque account（当座預金。または Checking account）とは，銀行と当座預金契約を結び，預け入れられた預金をいい，その特徴は預金の引出しに小切手を用いることである。そのため，例えば，備品代金の支払いを小切手の振出し（必要事項を記入し，発行すること）によって行うことが可能となる。当座預金口座への預入れや，小切手の振出しは Cash（現金預金）勘定（資産）で処理する（5頁に示したように，普通預金や当座預金などの Cash in bank（銀行預金）も Cash on hand（手元現金）同様，現金預金勘定で処理される）。

当座預金が増減する取引は銀行と企業の双方が記録している。同一の取引を記録するのだから，本来，両者は一致するはずである。しかし，以下のような理由によって，Balance per bank（銀行の預金残高＝銀行残高）と Balance per book

（企業の現金預金勘定残高＝帳簿残高）にズレが生ずる。

① Deposits in transit（未達預金）……月末に Night depository（夜間預入れ）を使用した預入れ（銀行では翌日（翌月）の入金として処理される）

② Outstanding cheques（未取付小切手）……振出済み小切手のうち，まだ決済されていない小切手

③ Not-sufficient-funds cheques（不渡小切手）……受け取った小切手を預け入れていたが，小切手振出先の口座残高不足により，不渡りになった（回収できなかった）小切手

④ Bank service charge（銀行手数料）……口座使用料，小切手帳代金など

⑤ Bank credit and collections not yet recorded in the book（連絡未通知）……未通知の当座預金口座への入金・引落とし

⑥ Errors（誤記入）

　銀行残高と帳簿残高を一致させるため，**Bank reconciliation**（銀行勘定調整表）を作成する。以下に示すように，企業では記録済みだが，銀行では未記帳のもの（①②）は銀行残高に加算・減算し，逆に，銀行では記録済みだが，企業では未記帳のもの（③④⑤）は帳簿残高に加算・減算する。

〈Bank Reconciliation〉

Arakaki Company		企業名
Bank Reconciliation		計算書の名称
30 April 20x1		銀行勘定調整表の作成日
Balance per bank	$15,000	銀行残高
Add: Deposits in transit	1,000	加算：未達預金
Less: Outstanding cheques	1,500	減算：未取付小切手
Correct bank balance	$14,500	正しい銀行残高
Balance per book	$13,000	帳簿残高
Add: Unrecorded notes collected by bank	2,500	加算：未記帳の受取手形の回収

Less: Bank service charge	50		減算：銀行手数料	
NSF cheque	950	1,000	不渡小切手	
Correct book balance		$14,500	正しい帳簿残高	

（3）　Petty Cash （小口現金）

　通常，支払いは小切手の振出しによって行われるが，交通費や通信費など日常発生する少額の支払いに備え，あらかじめ一定額の現金を手許に置いておく必要がある。この資金を Petty cash（小口現金）といい，**Petty cash（小口現金）勘定**（資産）で処理する。

　小口現金は Petty cashier（小口現金係）が，Petty cash box（小口現金金庫）で管理し，その支払いを記録する。また，小口現金の運用は，一定額を小口現金係に前渡しし，一定期間末に支払額の報告を受け，その同額を補給する **Imprest petty cash system**（定額資金前渡制度）によって行われる。

　例えば，小口現金係に $10 前渡ししたときの仕訳は，以下のとおりである。

Dr. Petty cash	10	
Cr. Cash		10

　一定期間末に，小口現金係から Office supplies expense（消耗品費）として $3,Travel expense（旅費交通費）として $4 使用したとの報告を受け，支払額を補給したときは，次のように仕訳する。

Dr. Office supplies expense	3	
Travel expense	4	
Cr. Cash		7

Exercises

Q1　Kohathu Company had the following information regarding bank reconciliation as at 30 September.

Balance of cheque account per bank	$5,500
Bank service charge	160
Cheque returned due to not-sufficient-funds	110
Deposits in transit	200
Outstanding cheques	90
Unrecorded notes collected by bank	40

Calculate Kohathu Company's correct balance of cheque account as at 30 September.

Q2   Shimada Company had the following information regarding bank reconciliation as at 31 October.

Balance of cheque account per book	$6,500
Bank service charge	60
Cheque returned due to not-sufficient-funds	170
Deposits in transit	80
Outstanding cheques	130
Unrecorded notes collected by bank	220

In addition to the above information, a Shimada Company's accountant mistakenly recorded a deposit as $210 instead of $120 in cheque account. Calculate Shimada Company's correct balance of cheque account as at 31 October.

Q3   On 31 December 20x1, Okino Company's cash account showed $10,800 of debit balance. However, the balance indicated in bank statement was $12,500.

Additional information for bank reconciliation is as follows:

Bank service charge	$100
Cheque returned due to not-sufficient-funds	1,300
Deposits in transit	1,100

Outstanding cheques	2,400
Unrecorded notes collected by bank	1,800

Prepare Okino Company's bank reconciliation as at 31 December 20x1.

Okino Company

Bank Reconciliation

31 December 20x1

Balance per bank			$ [ ]
Add: ( )			[ ]
Less: ( )			[ ]
Correct bank balance			$ [ ]
Balance per book			$ [ ]
Add: Unrecorded notes collected by bank			[ ]
Less: ( )	[ ]	
( )	[ ]	[ ]
Correct book balance			$ [ ]

Questions 4 through 7 are based on the following:

Isa Company established a petty cash fund of $150 on 1 January. The following payments were made from a petty cash box during January.

8 January	Office supplies	$48
14 January	Postage	29
26 January	Transportation	36

The petty cash is replenished at the end of each month.

Q4   Which of the following is a petty cash fund usually used to manage?

① All payments   ④ Payments of big amounts

② Payments in advance   ⑤ Payments of small amounts

③   Payment of accounts payable

Q5   Which of the following journal entries should Isa Company make on 1 January?

  ①   Dr. Cash   150

        Cr. Petty cash   150

  ②   Dr. Petty cash   150

        Cr. Cash   150

  ③   Dr. Petty cash   150

        Cr. Prepaid expense   150

  ④   Dr. Prepaid expense   150

        Cr. Cash   150

  ⑤   No journal entry is necessary.

Q6   Which of the following journal entries should Isa Company make on 8 January?

  ①   Dr. Office supplies expense   48

        Cr. Cash   48

  ②   Dr. Office supplies expense   48

        Cr. Petty cash   48

  ③   Dr. Petty cash   48

        Cr. Cash   48

  ④   Dr. Petty cash   48

        Cr. Office supplies expense   48

  ⑤   No journal entry is necessary.

Q7   Which of the following journal entries should Isa Company make on 31 January?

  ①   Dr. Cash   113

        Cr. Petty cash   113

②   Dr. Office supplies expense   48

         Communication expense   29

         Travel expense   36

         Cr. Cash   113

③   Dr. Office supplies expense   48

         Communication expense   29

         Travel expense   36

         Cr. Petty cash   113

④   Dr. Petty cash   113

         Cr. Cash   113

⑤   No journal entry is necessary.

Q8   Ishiki Company uses an imprest petty cash system. The following payments were made from the petty cash fund during August.

  6 August   Office supplies $32

25 August   Transportation   29

On 31 August, $39 remained in the fund, and $61 was replenished. What is the amount of imprest petty cash set by Ishiki Company?

2   Receivables（受取債権）

（1） Accounts Receivables（売掛金）

　商品を売り渡し，代金を掛けとした場合に生ずる債権は，**Accounts receivable**（売掛金）**勘定**（資産）で処理する。詳しくは，Chapter 5 で解説する。

（2） Notes Receivables（受取手形）

　1）Promissory Notes

Maker（振出人）が Payee（受取人）に対して，一定の金額の支払いを約束し

た証書を **Promissory notes**（約束手形）という。

　通常，手形は売掛金の回収手段として用いられる。つまり，掛代金の支払い
が危うくなった得意先に手形を振り出させて，書面で支払いを約束させるので
ある。また，銀行からの借入れの際に，手形の振出しが求められることもある。

　以下の手形は，20x1 年 6 月 1 日に，Shiroma 社が Takamiyagi 社に対して振
り出したもので，「本日（6 月 1 日）より 45 日後（7 月 16 日）に，$10,000 と利
率年 10% の利息を支払う」ことを約束している。

---

1 June 20x1

Shiroma Company promises to pay Takamiyagi Company, $10,000, 45 days
from date, 10% annual interest.

Shiroma Company

＊ Maker（振出人）：Shiroma 社，Payee（受取人）：Takamiyagi 社
＊ Maturity date（満期日。または支払期日）：16 July 20x1
　　振出日の翌日から日数（45 日）を数える。
＊ Maturity value（支払額）：$10,000 + $10,000 × 10% × 45 日 /360 日 = $10,125
　　利息は 1 年を 360 日で計算する。

　このような，Face value（額面金額。手形に記載されている金額）に利息を加え
た金額を，満期日に支払う（受け取る）手形を Interest bearing notes（利子付手形）
という。

2）　Notes Receivable（受取手形）
　手形を受け取った（手形代金の受取人となった）ときは，手形債権が生ずるので，
Notes receivable（受取手形）**勘定**（資産）で処理する。また，後日，手形代金
とともに受け取る利息は，**Interest income**（受取利息）**勘定**（収益）で処理する。
　例えば，商品 $2,000 を売り渡し，代金は掛けとしたときは，

Dr. Accounts receivable	2,000	
Cr. Sales		2,000

と仕訳している。この売掛金について，手形（満期日は 30 日後，利率年 6% の利

息が付く）を受け取ったときの仕訳は，以下のとおりである。

Dr. Notes receivable	2,000	
Cr. Accounts receivable		2,000

後日，手形代金と利息を受け取ったときは，次のように仕訳する。

Dr. Cash	2,010	
Cr. Notes receivable		2,000
Interest income		10

* Interest income = $2,000 × 6\% × 30$ 日 $/360$ 日 $= \$10$

Exercises

Q9　Shinjo Company issued a note of $4,000 to Tokuzato Company to settle an accounts payable. Shinjo Company is the ☐A☐ of this note, and Tokuzato Company is the ☐B☐. Select the most appropriate combination to fill in the above blanks.

	A	B
①	Creditor	Debtor
②	Debtor	Maker
③	Maker	Debtor
④	Maker	Payee
⑤	Payee	Maker

Questions 10 and 11 are based on the following:

　Sueyoshi Company received the following note from Tokuhara Company in settlement of an accounts receivable.

10 August 20x1 Tokuhara Company promised to pay Sueyoshi Company, $5,000, 60 days from date, at 9% annual interest. Tokuhara Company

Q10 Which of the following journal entries should Sueyoshi Company make on the issue date?

① Dr. Accounts payable   5,000
    Cr. Notes payable   5,000

② Dr. Accounts receivable   5,000
    Cr. Notes receivable   5,000

③ Dr. Notes receivable   5,000
    Cr. Accounts receivable   5,000

④ Dr. Notes receivable   5,075
    Cr. Accounts receivable   5,075

⑤ Dr. Notes receivable   5,075
    Cr. Accounts receivable   5,000
       Interest income   75

Q11 Which of the following journal entries should Sueyoshi Company make on the settlement date? Assume that 1 year = 360 days.

① Dr. Cash   5,000
    Cr. Accounts receivable   5,000

② Dr. Cash   5,000
    Cr. Notes receivable   5,000

③ Dr. Cash   5,075
    Cr. Notes receivable   5,075

④ Dr. Cash   5,000
    Cr. Notes receivable   4,925
       Interest income   75

⑤ Dr. Cash   5,075
    Cr. Notes receivable   5,000
       Interest income   75

Chapter 5

Inventories
棚卸資産

1 Purchase Transaction（仕入取引）

(1) Purchase Transaction（仕入取引）

商品を仕入れたときは，**Purchases**（仕入）**勘定**（費用）で処理する。例えば，商品 $100 を仕入れ，代金は現金で支払ったときの仕訳は，以下のとおりである。

Dr. Purchases	100	
Cr. Cash		100

企業間取引（B to B 取引。Business-to-business の略で，B2B と表記することもある）は，通常，掛け（代金後払い）で行われるが，その際に生ずる債務は，**Accounts payable**（買掛金）**勘定**（負債）で処理する。例えば，商品 $100 を仕入れ，代金は掛けとしたときの仕訳は，以下のとおりである。

Dr. Purchases	100	
Cr. Accounts payable		100

後日，買掛金を支払ったときは，次のように仕訳する。

Dr. Accounts payable	100	
Cr. Cash		100

また，Vendor（仕入先）の名前を勘定科目とする **Personal account**（人名勘定）を用いることもある。例えば，Uezato 社から商品 $100 を仕入れ，代金は掛けとしたときの仕訳は，以下のとおりである。

Dr. Purchases	100	
Cr. Uezato Company		100

　商品を仕入れる際に支払う Freight on purchases（支払運送料。または Freight-in）
や Insurance on purchases（運送保険料。または Insurance on freight）は，商品を取得
するのに不可欠な費用なので，仕入に加算する（(4)参照）。

(2)　Purchase Returns and Allowances（仕入返品・仕入値引）

　仕入れた商品に品違いや品質不良などがあったとき，これを仕入先に返品す
ることがある。返品は売買取引の一部取消しを意味するので，その分だけ仕入
を減額する。直接，仕入勘定から控除することもあるが，それではその期間の
返品高を把握できないので，**Purchase returns**（仕入返品）**勘定**に記入し，間
接的に控除する方法が用いられる。仕入返品のように，ある勘定（この場合は
仕入勘定）から控除される性質をもつ勘定を **Contra account**（評価勘定）という。

　例えば，先に掛けで仕入れた商品に品違いがあったので，商品 $20 を返品し
たときの仕訳は，以下のとおりである。

Dr. Accounts payable	20	
Cr. Purchase returns		20

　また，仕入れた商品に品質不良や数量不足などがあったとき，仕入代金の一
部が免除されることがある。値引は売買金額の修正を意味するので，その分だ
け仕入を減額する。この場合も **Purchase allowances**（仕入値引）**勘定**（評価勘
定）に記入し，仕入から間接的に控除する。

　例えば，先に掛けで仕入れた商品に品質不良があったので，$10 の値引を受
けたときは，次のように仕訳する。

Dr. Accounts payable	10	
Cr. Purchase allowances		10

　返品と値引をまとめて，Purchase returns and allowances（仕入返品・値引）勘

定（評価勘定）を用いることもある。

（3） Purchase Discounts（仕入割引）

　買掛金を支払期日前に決済したとき，掛代金の一部が減免されることがある。割引も売買金額の修正を意味するので，Purchase discounts（仕入割引）**勘定**（評価勘定）に記入し，仕入から間接的に控除する。

　例えば，先に掛けで仕入れた商品 $100 について，「2%, 10 days, Net 30 days」（支払期日は 30 日後だが，10 日以内に支払うと 2%の割引。「2/10, n/30」と略すこともある）という Terms（支払条件）が付いており，期限内に掛代金を支払ったときは，次のように仕訳する。

Dr. Accounts payable	100	
Cr. Cash		98
Purchase discounts		2

　この仕訳のように，仕入時にその総額を買掛金に計上し，支払時に買掛金と支払額との差額を仕入割引として処理する方法を Gross method（総額法）という。

　仕入時に仕入割引を控除した額を買掛金に計上することもある。この方法を Net method（純額法）といい，例えば，上記の条件で商品を仕入れたときの仕訳は，以下のとおりである。

Dr. Purchases	98	
Cr. Accounts payable		98

期限内に掛代金を支払ったときは，

Dr. Accounts payable	98	
Cr. Cash		98

と仕訳し，期限内に掛代金を支払えなかった（割引を受けることができなかった）ときは，次のように仕訳する。

Dr. Accounts payable	98	
Purchase discounts lost	2	
Cr. Cash		100

　純額法では，期限を守ることができず，支払いが遅れたために支払額が増えたと考えるので，買掛金と支払額との差額を **Purchase discounts lost**（仕入割引逸失損）**勘定**（費用）で処理する。

（4）　Net Purchases（純仕入）

　一定期間の仕入高に支払運送料と運送保険料を加算し，返品，値引，割引（総額法で処理）を控除して，**Net purchases**（純仕入）を算出する。例えば，仕入高が $1,000，支払運送料が $15，運送保険料が $10，仕入返品が $20，仕入値引が $10，仕入割引が $2 のとき，純仕入高は次のように計算される。

Net purchases
= Purchases +（Freight on purchases + Insurance on purchases）
　 −（Purchase returns + Purchase allowances + Purchase discounts）
= $1,000 +（$15 + $10）−（$20 + $10 + $2）= $993

Exercises

Questions 1 and 2 are based on the following:

On 5 May, Uehara Company purchased $5,000 of merchandise. It paid $2,000 of cash on 5 May and paid the balance on 10 June.

Q1　Which of the following journal entries should Uehara Company make on 5 May?

① Dr. Purchases 3,000
　　 Cr. Accounts payable 3,000
② Dr. Purchases 5,000
　　 Cr. Accounts payable 5,000

③	Dr. Purchases	2,000	
	Cr. Cash		2,000
④	Dr. Purchases	3,000	
	Cr. Cash		3,000
⑤	Dr. Purchases	5,000	
	Cr. Cash		2,000
	Accounts payable		3,000

Q2   Which of the following correctly describes Uehara Company's journal entry on 10 June?

① Accounts payable decreased by $3,000.

② Accounts payable increased by $3,000.

③ Cash increased by $3,000.

④ Purchases decreased by $3,000.

⑤ Purchases increased by $3,000.

Q3   On 10 June, Uema Company purchased $6,000 of merchandise on account from Eguchi Company. Because Uema Company found some defects in the merchandise, Uema Company returned the merchandise to Eguchi Company for $120 on 15 June. Which of the following journal entries should Uema Company make on 15 June?

①	Dr. Accounts payable	120	
	Cr. Cash		120
②	Dr. Accounts payable	120	
	Cr. Purchase returns		120
③	Dr. Purchases	120	
	Cr. Accounts payable		120
④	Dr. Purchase returns	120	
	Cr. Accounts payable		120

⑤   Dr. Purchase returns   120

      Cr. Cash   120

Questions 4 and 5 are based on the following:

On 15 July, Omura Company purchased $7,000 of merchandise with the discount terms of 4/10, n/30 and paid the appropriate amount on 20 July. It uses the gross method.

Q4   Which of the following journal entries should Omura Company make on 15 July?

①   Dr. Accounts payable   7,000

      Cr. Purchases   7,000

②   Dr. Purchases   6,720

      Cr. Accounts payable   6,720

③   Dr. Purchases   7,000

      Cr. Accounts payable   7,000

④   Dr. Purchases   7,000

      Cr. Accounts payable   6,720

         Purchase discounts   280

⑤   Dr. Purchases   7,000

      Cr. Cash   7,000

Q5   Which of the following journal entries should Omura Company make on 20 July?

①   Dr. Accounts payable   280

      Cr. Cash   280

②   Dr. Accounts payable   6,720

      Cr. Cash   6,720

③　Dr. Accounts payable 　　　　　　　7,000

　　　Cr. Cash 　　　　　　　　　　　　　　　　　7,000

④　Dr. Accounts payable 　　　　　　　7,000

　　　Cr. Cash 　　　　　　　　　　　　　　　　　6,720

　　　　Purchase discounts 　　　　　　　　　　　280

⑤　Dr. Purchase discounts 　　　　　　 280

　　　Cr. Cash 　　　　　　　　　　　　　　　　　280

Q6　Calculate the amount of net purchases based on the following information.

Freight on purchases	$180	Purchase allowances	$250
Insurance on purchases	220	Purchase discounts	80
Purchases	25,000	Purchase returns	190

❷ Sales Transaction（売上取引）

（1）　Sales Transaction（売上取引）

　商品を売り渡したときは，Sales（売上）**勘定**（収益）で処理する。例えば，商品 $200 を売り渡し，代金は現金で受け取ったときの仕訳は，以下のとおりである。

Dr. Cash	200	
Cr. Sales		200

　代金を掛けとした場合に生ずる債権は，Accounts receivable（売掛金）**勘定**（資産）で処理する。例えば，商品 $200 を売り渡し，代金は掛けとしたときの仕訳は，以下のとおりである。

Dr. Accounts receivable	200	
Cr. Sales		200

　後日，売掛金を回収したときは，次のように仕訳する。

Dr. Cash	200	
Cr. Accounts receivable		200

　また，Customer（得意先）の名前を勘定科目とする Personal account（人名勘定）を用いることもある。例えば，Kanemoto 社へ商品 $200 を売り渡し，代金は掛けとしたときの仕訳は，以下のとおりである。

Dr. Kaneamoto Company	200	
Cr. Sales		200

（2）　**Sales Returns and Allowances**（売上返品・売上値引）

　得意先から商品が返品されてきたときは，**Sales returns**（売上返品）**勘定**（評価勘定）に記入し，売上から間接的に控除する。例えば，先に掛けで売り渡した商品に品違いがあったので，商品 $40 が返品されてきたときの仕訳は，以下のとおりである。

Dr. Sales returns	40	
Cr. Accounts receivable		40

　また，売上代金の一部を免除したときは，**Sales allowances**（売上値引）**勘定**（評価勘定）に記入し，売上から間接的に控除する。例えば，先に掛けで売り渡した商品に品質不良があったので，$20 の値引を承諾したときは，次のように仕訳する。

Dr. Sales allowances	20	
Cr. Accounts receivable		20

　売り渡した商品について返品や値引を承諾する場合，得意先に対する売掛金を減額する（売掛金勘定の貸方に記入する）ことを記載した文書を得意先に送付する。これを Credit note（クレディット・ノート。または Credite memo）という。また，返品と値引をまとめて，Sales returns and allowances（売上返品・値引）勘定（評価勘定）を用いることもある。

（3） Sales Discounts（売上割引）

売掛金を支払期日前に回収し，掛代金の一部を減免したときは，**Sales discounts**（売上割引）**勘定**（評価勘定）に記入し，売上から間接的に控除する。このように，販売時にその総額を売掛金に計上し，回収時に売掛金と受領額との差額を売上割引として処理する方法を Gross method（総額法）という。

例えば，先に掛けで売り渡した商品 $200 について，「2/10, n/30」（支払期日は30 日後だが，10 日以内に支払うと 2%の割引）という Terms（支払条件）を付けており，期限内に掛代金を回収したときは，次のように仕訳する。

Dr. Cash	196
Sales discounts	4
Cr. Accounts receivable	200

（4） Net Sales（純売上）

一定期間の売上高から返品，値引，割引（総額法で処理）を控除し，**Net sales**（純売上）を算出する。例えば，売上高が $2,000，売上返品が $40，売上値引が $20，売上割引が $4 のとき，純売上高は次のように計算される。

Net sales = Sales − （Sales returns + Sales allowances + Sales discounts）
　　　　= $2,000 − （$40 + $20 + $4）= $1,936

Exercises

Q7 On 15 January, Kawamoto Company made a contract with a customer to sell its goods for $4,000. Kawamoto Company delivered the goods and received $4,000 cash on 10 February. Which of the following journal entries should Kawamoto Company make on 15 January?

① Dr. Accounts receivable　　　　4,000
　　Cr. Sales　　　　　　　　　　　　　　4,000

② Dr. Cash　　　　　　　　　　　4,000
　　Cr. Sales　　　　　　　　　　　　　　4,000

③   Dr. Sales   4,000

     Cr. Accounts receivable   4,000

④   Dr. Sales   4,000

     Cr. Cash   4,000

⑤   No journal entry is necessary.

Q8   Kyan Company sold $5,000 of merchandise on account. Which of the following journal entries should it make?

①   Dr. Accounts receivable   5,000

     Cr. Sales   5,000

②   Dr. Cash   5,000

     Cr. Accounts receivable   5,000

③   Dr. Cash   5,000

     Cr. Sales   5,000

④   Dr. Sales   5,000

     Cr. Accounts receivable   5,000

⑤   Dr. Sales   5,000

     Cr. Cash   5,000

Q9   Kiyuna Company received cash in settlement of an accounts receivable. Which of the following indicate the correct journal entry?

①   Accounts receivable is debited, and sales is credited.

②   Cash is credited, and accounts receivable is debited.

③   Cash is credited, and sales is debited.

④   Cash is debited, and accounts receivable is credited.

⑤   Cash is debited, and sales is credited.

Q10 Kinjo Company made the following journal entry.

Dr. Sales returns   600

   Cr. Shimabukuro Company   600

Which of the following most appropriately describes the above journal entry?

① Kinjo Company purchased merchandise from Shimabukuro Company on account.

② Kinjo Company returned merchandise to Shimabukuro Company which was purchased on account.

③ Kinjo Company sold merchandise to Shimabukuro Company on account.

④ Shimabukuro Company returned merchandise to Kinjo Company which was purchased on account.

⑤ Shimabukuro Company returned merchandise to Kinjo Company which was purchased with cash.

Q11 On 1 March, Kokuba Company sold $7,000 of merchandise on account to Taira Company. Because the quantity was insufficient for the merchandise, Kokuba Company sent a credit note for $70 to Taira Company on 5 March. Which of the following journal entries should Kokuba Company make on 5 March?

① Dr. Accounts receivable   70

     Cr. Sales allowances   70

② Dr. Cash   70

     Cr. Accounts receivable   70

③ Dr. Cash   70

     Cr. Sales allowances   70

④ Dr. Sales allowances   70

     Cr. Accounts receivable   70

⑤ Dr. Sales allowances   70

     Cr. Cash   70

Questions 12 and 13 are based on the following:

On 10 April, Sakiyama Company sold $8,000 of merchandise to Shikina Company with the discount terms of 3/10, n/30. Sakiyama Company uses the gross method.

Q12　If Shikina Company pays the amount on 18 April, how much should it pay?

Q13　If Shikina Company pays the amount on 25 April, which of the following journal entries should Sakiyama Company make?

　① 　Dr. Cash 　7,760

　　　　Cr. Accounts receivable 　7,760

　② 　Dr. Cash 　8,000

　　　　Cr. Accounts receivable 　8,000

　③ 　Dr. Cash 　8,000

　　　　Cr. Accounts receivable 　7,760

　　　　　　Sales discounts 　240

　④ 　Dr. Cash 　8,000

　　　　Cr. Sales 　8,000

　⑤ 　Dr. Cash 　7,760

　　　　Sales discounts 　240

　　　　Cr. Accounts receivable 　8,000

Q14　Calculate the amount of net sales based on the following information.

Sales	$77,000	Sales discounts	$2,500
Sales allowances	1,900	Sales returns	1,200

3 Inventories and Cost of Sales（商品と売上原価）

(1)　Periodic Inventory System（棚卸計算法）

1 2で学んだように，商品 $100 を仕入れ，代金は掛けにしたときは，

Dr. Purchases	100	
Cr. Accounts payable		100

と仕訳し，また，商品 $150 を売り渡し，代金は掛けにしたときは，次のように仕訳した。

Dr. Accounts receivable	150	
Cr. Sales		150

このような処理方法を Periodic inventory system（棚卸計算法）という。仕入は仕入原価，売上は売価で記録するので期中の処理は簡単であるが，商品の販売によっていくら儲かったのか分からない。そこで，決算に当たり，その期間に売り渡した商品すべてについて一括して Gross profit（売上総利益＝商品販売益）を計算する。

以下に示すように，売上総利益は Net sales（純売上高）から Cost of sales（売上原価。または Cost of goods sold）を控除することによって算出する。

Gross profit ＝ Net sales － Cost of sales

売上原価とはその期間に売り渡した商品の仕入原価であり，Beginning inventory（期首商品棚卸高＝前期末の在庫）と Net purchases（純仕入高＝当期の仕入高）の合計額から，Ending inventory（期末商品棚卸高＝当期末の在庫）を差し引いて求める。例えば，期首商品棚卸高が $10，純仕入高が $100，期末商品棚卸高が $20 のとき，売上原価は次のように計算される。

Cost of sales ＝ Beginning inventory ＋ Net purchases － Ending inventory

　　　　　　 ＝ $10 ＋ $100 － $20 ＝ $90

売上原価の計算を総勘定元帳のどの勘定で行うかについては，色々な考え方があるが，**Cost of sales**（売上原価）**勘定**（費用）で行う方法が理解しやすい。

この場合，まず，Inventory（繰越商品）勘定（資産）の借方に記入されている期首商品棚卸高と，仕入勘定の借方に記入されている純仕入高を売上原価勘定の借方へ振り替えるため，次のように仕訳する。

Dr. Cost of sales	110	
Cr. Inventory		10
Purchases		100

次に，年度末に実地棚卸を行って求めた期末商品棚卸高を繰越商品勘定の借方と売上原価勘定の貸方に記入する。

Dr. Inventory	20	
Cr. Cost of sales		20

上記の仕訳に基づく勘定記入を示せば，以下のとおりである。

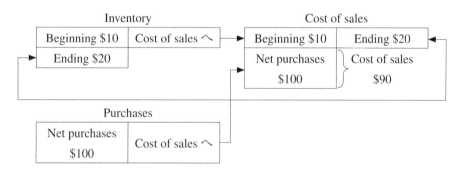

なお，欧米のテキストでは，期首商品と期末商品を Chapter 10 で解説するIncome summary（損益）勘定へ振り替える説明が多い（決算整理仕訳ではなく，締切仕訳として）。まず，期首商品棚卸高と純仕入高を損益勘定の借方へ振り替えるため，次のように仕訳する。

Dr. Income summary	110	
Cr. Inventory		10
Purchases		100

次に，以下のように仕訳して，期末商品棚卸高を繰越商品勘定の借方と損益勘定の貸方に記入する。

Dr. Inventory	20	
Cr. Income summary		20

(2)　Perpetual Inventory System（継続記録法）

商品を売り渡すたびに，売上原価を計上する方法もある。この方法では，仕入時に Purchases（仕入）勘定を用いずに，**Inventory**（商品）**勘定**（資産）で処理する。例えば，商品 $100 を仕入れ，代金は掛けとしたときの仕訳は，以下のとおりである。

Dr. Inventory	100	
Cr. Accounts payable		100

また，商品の販売時に売上を計上するとともに，その商品の原価を商品勘定から Cost of sales（売上原価）勘定へ振り替える。例えば，上記の商品を $150 で売り渡し，代金は掛けとしたときは，次のように仕訳する。

Dr. Accounts receivable	150	
Cost of sales	100	
Cr. Sales		150
Inventory		100

このような処理方法を Perpetual inventory system（継続記録法）という。上述のように，棚卸計算法では，売上原価を決算時に一括して計算するので，年度末にしか売上総利益を知ることができない。これに対して，継続記録法では，売上勘定の残高から売上原価勘定の残高を控除することによって，期中のいつでも売上総利益を知ることができる。しかし，その適用は販売のつど売上原価を把握できる場合に限られる。

(注) 仕訳を行うときの勘定科目には Inventory を，財政状態計算書に表示する際には Inventories を用いる。

Exercises

Questions 15 and 16 are based on the following:

On 5 April, Kouki Company purchased $550 of merchandise on account. On 20 April, it sold the merchandise for $800 on account. Kouki Company uses a periodic inventory system.

Q15 Which of the following journal entries should Kouki Company make on 5 April?

①   Dr. Accounts payable   550

        Cr. Inventory   550

②   Dr. Inventory   550

        Cr. Accounts payable   550

③   Dr. Purchases   550

        Cr. Accounts payable   550

④   Dr. Purchases   550

        Cr. Cash   550

⑤   Dr. Purchases   550

        Cr. Inventory   550

Q16 Which of the following journal entries should Kouki Company make on 20 April?

①   Dr. Accounts receivable   800

        Cr. Inventory   800

②   Dr. Accounts receivable   800

        Cr. Purchases   800

③   Dr. Accounts receivable   800

        Cr. Sales   800

④ Dr. Accounts receivable   800
        Cost of sales   550
            Cr. Sales   800
                Purchases   550
⑤ Dr. Accounts receivable   800
        Cost of sales   550
            Cr. Sales   800
                Inventory   550

Q17 Uehara Company had the following purchase transactions during August.

Date	Transaction
8	Purchased $1,000 of merchandise with the terms of 3/10, n/30.
15	Purchased $900 of merchandise on account.
16	Paid the whole amount for the merchandise that purchased on 8 August.
23	Received credit note for $60 from vendor, because the quantity was insufficient for the merchandise purchased on 15 August.
26	Paid cash $800 to settle an accounts payable.
30	Purchased $700 of merchandise for cash.

Additional Information is as follows.

① The beginning balance of accounts payable on 1 August was $2,200.

② The balances of the merchandise inventory account were $1,500 on 1 August and $1,300 on 31 August.

③ Uehara Company paid $100 of fright and $200 of insurance on purchase transactions during August.

It uses a periodic inventory system. Calculate the following amounts.

1. Accounts payable as at 31 August $ [   ]

2. Net purchases during August $ [   ]

3. Cost of sales for August $ [   ]

Questions 18 and 19 are based on the following:

On 8 May, Taira Company purchased 100 units of merchandise at $6 per unit on account. On 28 May, it sold 90 units at $10 per unit on account. Taira Company uses a perpetual inventory system.

Q18   Which of the following journal entries should Taira Company make on 8 May?

① Dr. Accounts payable 600
   Cr. Inventory 600

② Dr. Cost of sales 600
   Cr. Accounts payable 600

③ Dr. Inventory 600
   Cr. Accounts payable 600

④ Dr. Inventory 600
   Cr. Purchases 600

⑤ Dr. Purchases 600
   Cr. Accounts payable 600

Q19   Which of the following journal entries should Taira Company make on 28 May?

① Dr. Accounts receivable 900
   Cr. Inventory 900

② Dr. Accounts receivable 900
   Cr. Sales 900

③ Dr. Accounts receivable 900
   Cost of sales 540
   Cr. Sales 900
   Inventory 540

④   Dr. Accounts receivable   900
         Cost of sales   540
             Cr. Sales   900
                 Purchases   540

⑤   Dr. Cost of sales   900
         Cr. Sales   900

Q20 Takaesu Company had the following transactions about merchandise during
20x2. It uses a perpetual inventory system.

Date	Purchased	Sold
12 January	$4,400 (1,100 units × @$4)	
11 February		$5,600 (800 units × @$7)
21 March		$2,100 (300 units × @$7)
29 April	$4,800 (1,200 units × @$4)	
20 July		$4,900 (700 units × @$7)
12 October		$4,200 (600 units × @$7)
23 December	$3,200 (800 units × @$4)	

＊ Beginning inventory was $2,000 (500 units × @$4).

(1) Make a journal entry for the transaction that Takaesu Company purchased
$4,800 of merchandise with cash on 29 April.

Dr. (   )   [   ]
    Cr. (   )   [   ]

(2) Make a journal entry for the transaction that Takaesu Company sold $4,900 of
merchandise with cash on 20 July.

Dr. (   )   [   ]
    (   )   [   ]
    Cr. (   )   [   ]
        (   )   [   ]

(3) Compute the following amounts which Takaesu Company should report in its 20x2 financial statements.

1. Sales $ [   ]

2. Cost of sales $ [   ]

3. Inventory $ [   ]

Q21 The following information is available regarding the accounts of Miyazato Company on 31 December 20x2.

Beginning inventory	$550	Purchase discounts	$110
Ending inventory	780	Purchase returns	70
Freight on purchases	120	Sales	3,500
Insurance on purchases	90	Sales allowances	130
Purchases	2,600	Sales discounts	140
Purchase allowances	80	Sales returns	200

Compute the following amounts which Miyazato Company should report in its 20x2 income statement.

1. Net sales $ [   ]

2. Net purchases $ [   ]

3. Cost of sales $ [   ]

4. Gross profit $ [   ]

4 Cost Flow Assumptions（原価の流れの仮定）

　同一または同種類の商品であっても，仕入先や仕入の時期が違えば仕入単価も異なる。その場合，売上原価や期末商品棚卸高の計算に，どの単価を用いればよいのかが問題になる。そこで，**Cost flow assumptions**（原価の流れの仮定）を利用し，払出単価または期末単価を算定する。なお，原価の流れはあくまでも仮定で，実際の物の流れ（Physical flow）とは無関係である。

(1) First-In, First-Out Method（先入先出法）

First-in, first-out method（先入先出法，FIFO）とは，先に仕入れた商品から先に払い出されると仮定して単価を計算する方法である。棚卸計算法，継続記録法のいずれにも適用できるが，計算結果は一致する。先入先出法では，古い単価で払出額が計算され，逆に，新しい単価で期末商品棚卸高が計算される。そのため，期末商品棚卸高は決算日の時価に近い金額となる。

6月中に，以下の商品売買取引があったとする。それぞれの仮定に基づき，6月の売上原価と月末商品を計算してみよう。

		単価	数量	金額
6月 1日	第1回仕入	@$100	20	$2,000
10日	第2回仕入	110	20	2,200
25日	第3回仕入	120	10	1,200
	販売可能高		50	$5,400
6月20日	第1回販売	@$150	35	$5,250
	月 末 残 高		15	

1）FIFO（棚卸計算法）

月末には，直近に仕入れた2行の単価層（第3回仕入分と第2回仕入分）が残っていると考えられるので，月末商品は以下のように計算する。また，売上原価は販売可能高から月末商品を控除して求める。

月末商品：6/25 仕入分	@$120	10 個	$1,200
6/10 仕入分	110	5 個	550
		15 個	$1,750

売上原価：$5,400 - $1,750 = $3,650

2）FIFO（継続記録法）

6月20日の商品販売時には，まず，1日に仕入れた商品（20個）が，次いで，10日に仕入れた商品（15個）が払い出されたと仮定して売上原価を計算する。

Date	Purchased			Sold			Balance		
	Units	Cost	Total	Units	Cost	Total	Units	Cost	Total
1 June	20	$ 100	$ 2,000				20	$ 100	$ 2,000
10	20	110	2,200				20	100	2,000
							20	110	2,200
20				20	$100	$2,000			
				15	110	1,650	5	110	550
25	10	120	1,200				5	110	550
							10	120	1,200

売上原価：$2,000 + $1,650 = $3,650

月末商品：$550 + $1,200 = $1,750

（2）Average-Cost Method（平均法）

Average-cost method（平均法）とは，平均単価で払い出すと仮定する方法である。ただし，単純平均ではなく，加重平均で平均単価を計算する。平均法には，棚卸計算法で適用される **Weighted-average method**（総平均法）と，継続記録法で適用される **Moving-average method**（移動平均法）がある。総平均法とは一定期間の平均単価を計算し，これを払出単価とする方法である。また，単価の異なる商品を仕入れるたびに平均単価を計算し，これを払出単価とする方法を移動平均法という。

前頁の商品売買取引に基づき，6月の売上原価と月末商品を計算してみよう。

1）Weighted-Average Method（総平均法）

まず，販売可能高（$5,400）を販売可能数量（50個）で割って平均単価を求め，これに月末残高（数量，15個）を乗じて月末商品を計算する。また，売上原価は販売可能高から月末商品を控除して求める。

月末商品：$\dfrac{\$5,400}{50\ 個} \times 15\ 個 = \$1,620$

売上原価：$5,400 − $1,620 = $3,780

2）Moving-Average Method（移動平均法）

単価の異なる商品を仕入れるたび（6月10日，20日）に平均単価を計算し，これを払出単価・期末単価とする。

Date	Purchased			Sold			Balance		
	Units	Cost	Total	Units	Cost	Total	Units	Cost	Total
1 June	20	$100	$2,000				20	$100	$2,000
10	20	110	2,200				40	105	4,200
20				35	$ 105	$ 3,675	5	105	525
25	10	120	1,200				15	115	1,725

$$6月10日仕入後の平均単価 = \frac{\$2,000 + \$2,200}{20個 + 20個} = \$105$$

$$6月25日仕入後の平均単価 = \frac{\$525 + \$1,200}{5個 + 10個} = \$115$$

売上原価：$3,675，月末商品：$1,725

Exercises

Q22 Yara Company had the following transactions about merchandise during July.

Date	Purchased	Sold
1 July	$20,000（200units × @$100）	
5	$36,000（200units × @$180）	
10		$84,000（300units × @$280）
15	$34,000（200units × @$170）	
20		$48,000（200units × @$240）
25	$26,000（200units × @$130）	

Calculate the cost of sales and ending inventory using the following.

1. First-in, first-out method

2. Weighted-average method

3. Moving-average method

Chapter 6

Non-Current Assets
非流動資産

1 Acquisition of Property, Plant and Equipment
（有形固定資産の取得）

（1）Acquisition of Assets（資産の購入）

備品 $10,000 を購入し，代金は現金で支払ったときの仕訳は，以下のとおりである。

Dr. Equipment	10,000	
Cr. Cash		10,000

代金が未払いの場合は，

Dr. Equipment	10,000	
Cr. Accounts payable		10,000

と仕訳し，後日，代金を支払ったときは，次のように仕訳する。

Dr. Accounts payable	10,000	
Cr. Cash		10,000

このように，商品の仕入と資産の購入を区別することなく，代金が未払いであれば，通常，Accounts payable 勘定を用いるが，両者を区別することもある。この場合，商品の仕入により生じた債務は Accounts payable – trade（買掛金）勘定（負債），資産の購入により生じた債務は Accounts payable – others（未払金）勘定（負債）で処理する。

また，商品の売上と資産の売却を区別する場合，商品の販売により生じた債権は Accounts receivable – trade（売掛金）勘定（資産），資産の売却により生

じた債権は Accounts receivable‐others（未収入金）**勘定**（資産）で処理する。
（注）費用が発生し，その代金が未払いの場合も，Accounts payable 勘定または Accounts payable‐others 勘定を用いる。

（2）Acquisition Cost of Property, Plant and Equipment（有形固定資産の取得原価）

　機械や建物などのように，有形で長期間にわたって使用される資産を Property, Plant and Equipment（有形固定資産）という。有形固定資産を取得したときは，購入代金に Freight-in（支払運送料），Insurance on freight（運送保険料），Installation and assembly costs（据付組立費），正常に機能するかどうかの Costs of testing prior to use（稼働前試運転費）など，それを取得し，利用可能な状態にするために支払った総額を Acquisition cost（取得原価）とする。

Exercises

Questions 1 and 2 are based on the following:

On 20 October, Munakata Company bought $50,000 worth of delivery equipment for its own use and paid $20,000 cash with the balance on account. It paid all of the balance on 20 November.

Q1　Which of the following journal entries should Munakata Company make on 20 October?

①　Dr. Cash　　　　　　　　　　　　20,000
　　　　Accounts payable　　　　　　30,000
　　　　Cr. Delivery equipment　　　　　　　　　　　50,000

②　Dr. Delivery equipment　　　　　30,000
　　　　Cr. Accounts payable　　　　　　　　　　　　30,000

③　Dr. Delivery equipment　　　　　50,000
　　　　Cr. Accounts payable　　　　　　　　　　　　50,000

④　Dr. Delivery equipment　　　　　20,000
　　　　Cr. Cash　　　　　　　　　　　　　　　　　　20,000

⑤   Dr. Delivery equipment   50,000

        Cr. Cash   20,000

             Accounts payable   30,000

Q2   Which of the following journal entries should Munakata Company make on 20 November?

①   Dr. Accounts payable   30,000

        Cr. Cash   30,000

②   Dr. Accounts payable   50,000

        Cr. Cash   50,000

③   Dr. Cash   50,000

        Cr. Accounts payable   50,000

④   Dr. Delivery equipment   30,000

        Cr. Cash   30,000

⑤   Dr. Delivery equipment   50,000

        Cr. Cash   50,000

Q3   Ishihara Company bought $60,000 worth of machinery for its own use on account. Which of the following journal entries should it make?

①   Dr. Accounts payable − others   60,000

        Cr. Machinery   60,000

②   Dr. Accounts payable − trade   60,000

        Cr. Machinery   60,000

③   Dr. Machinery   60,000

        Cr. Accounts payable − others   60,000

④   Dr. Machinery   60,000

        Cr. Accounts payable − trade   60,000

⑤   Dr. Machinery   60,000

        Cr. Cash   60,000

Q4 On 1 July 20x1, Uema Company bought $30,000 worth of machinery for its own use. In addition to the purchase price, the following expenditures were incurred relating to the machinery during 20x1. Calculate the amount of recorded as the cost of the machinery.

・Freight and insurance costs	$2,300
・Installation and assembly costs	1,400
・Costs of testing prior to use	1,200
・Repair costs to maintain the machinery in operating condition	1,000

2 Depreciation（減価償却）

(1) Depreciation（減価償却）

　有形固定資産は，使用や時の経過によってその価値が減少していく（土地は除く）。これを減価といい，固定資産の減価に応じて，その取得原価を使用可能年数に費用として配分し，固定資産の帳簿価額を減少させる手続を Depreciation（減価償却）という。また，減価償却によって各期間に配分される金額は，Depreciation expense（減価償却費）**勘定**（費用）で処理する。

(2) Depreciation Method（減価償却の方法）

　1）Straight-Line Method（定額法）

　Acquisition cost（取得原価）から Residual value（残存価額。または Salvage value）を控除した金額（要償却額）を Useful life（耐用年数）で割って，毎期，均等額を減価償却費とする方法を Straight-line method（定額法）という。取得原価とは固定資産の購入価額，耐用年数とは固定資産の使用可能年数，残存価額とは固定資産の耐用年数到来時において予想される売却価格である。

$$\text{Depreciation expense} = (\text{Acquisition cost} - \text{Residual value}) \times \frac{1}{\text{Useful life}}$$

　定額法は毎期の償却額が一定なので，陳腐化による減価がほとんど発生しない建物などに適している。

2） Double-Declining Balance Method（2倍定率法）

耐用年数の最初期に多額の償却額が計上され，その後，時間の経過に伴って減少していく減価償却の方法を Accelerated method（加速償却法）といい，次の2つの方法が一般的に用いられている。

Double-declining balance method（2倍定率法）とは，期首の Book value（帳簿価額）に定額法の2倍の償却率（例えば，耐用年数が10年なら 2/10 = 20%）を乗じた金額を減価償却費とする方法である。

$$\text{Depreciation expense} = \text{Book value} \times \left(\frac{1}{\text{Useful life}} \times 2 \right)$$

$$\text{Book value} = \text{Acquisition cost} - \text{Accumulated depreciation}$$

2倍定率法は資産の取得直後に多額の償却費を計上し，固定資産への投下資本を早期に回収することができるので，急速な陳腐化が予想されるパソコンなどに適している。

3） Sum-of-the-Years'-Digits Method（級数法）

取得原価から残存価額を控除した金額に，Sum of the years of useful life（耐用年数の総和）を分母とし，Remaining years of useful life（期首時点での残存耐用年数）を分子とした償却率を乗じた金額を減価償却費とする方法を **Sum-of-the-years'-digits method**（級数法）という。

Depreciation expense

$$= (\text{Acquisition cost} - \text{Residual value}) \times \frac{\text{Remaining years of useful life}}{\text{Sum of the years of useful life}}$$

$$\text{Sum of the years of useful life} = 1 + 2 + 3 + \cdots + n = \frac{n(n+1)}{2}$$

級数法は毎期，減価償却費が一定額ずつ減少し，また，2倍定率法より各年度の償却額の変動幅が小さいのが特徴である。

取得原価 \$200,000，残存価額 \$20,000，耐用年数5年の営業用車両について，各年度の減価償却費を (a)定額法，(b)2倍定率法，(c)級数法により計算してみよう。

(a) 定額法

• 第 1 年度：$($200,000 - $20,000) \times \dfrac{1}{5} = $36,000$

• 第 2 年度～第 5 年度：同上

(b) 2 倍定率法

• 第 1 年度：$$200,000 \times \dfrac{2}{5} = $80,000$

• 第 2 年度：$($200,000 - $80,000) \times \dfrac{2}{5} = $48,000$

• 第 3 年度：$\{$200,000 - ($80,000 + $48,000)\} \times \dfrac{2}{5} = $28,800$

• 第 4 年度：$\{$200,000 - ($80,000 + $48,000 + $28,800)\} \times \dfrac{2}{5} = $17,280$

• 第 5 年度：

$($200,000 - $20,000) - ($80,000 + $48,000 + $28,800 + $17,280) = $5,920$

　＊最終年度は未償却残高を減価償却費とする。これまでと同じ計算をすれば，

$\{$200,000 - ($80,000 + $48,000 + $28,800 + $17,280)\} \times \dfrac{2}{5} = $10,368$

となり，減価償却費の合計額（$184,448）が要償却額（$180,000）を超えてしまうからである。

(c) 級数法

• 第 1 年度：$($200,000 - $20,000) \times \dfrac{5}{5 + 4 + 3 + 2 + 1} = $60,000$

• 第 2 年度：$($200,000 - $20,000) \times \dfrac{4}{5 + 4 + 3 + 2 + 1} = $48,000$

• 第 3 年度：$($200,000 - $20,000) \times \dfrac{3}{5 + 4 + 3 + 2 + 1} = $36,000$

• 第 4 年度：$($200,000 - $20,000) \times \dfrac{2}{5 + 4 + 3 + 2 + 1} = $24,000$

• 第 5 年度：$(\$200,000 - \$20,000) \times \dfrac{1}{5+4+3+2+1} = \$12,000$

定額法，2 倍定率法，級数法それぞれの方法による減価償却費の推移をグラフで示せば，以下のとおりである。

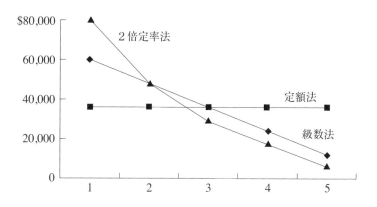

4)　Units-of-Production Method（生産高比例法）

期間を配分基準とするのではなく，生産高（利用高）を配分の基準とする方法もある。**Units-of-production method**（生産高比例法）とは，固定資産の利用割合に応じた金額を減価償却費とする方法で，取得原価から残存価額を控除した金額に，Estimated total units of production（見積総生産高）を分母とし，Units of produced this period（当期生産高）を分子とした償却率を乗じて減価償却費を算定する。

　　Depreciation expense

$$= (\text{Acquisition cost} - \text{Residual value}) \times \dfrac{\text{Units of produced this year}}{\text{Estimated total units of production}}$$

生産高比例法は鉱業用設備や航空機など，固定資産の生産高や利用時間が物理的に確定でき，減価が主として固定資産の利用に比例して発生するものに適用する。

例えば，64 頁の車両の予想走行距離が 20 万 km，今年度の実際走行距離が 4 万 km のとき，減価償却費は以下のように計算される。

$$(\$200,000 - \$20,000) \times \frac{40,000\text{km}}{200,000\text{km}} = \$36,000$$

（3）　Journalizing for Depreciation（減価償却の記帳方法）

減価償却の記帳方法には，**Direct method**（直接法）と **Indirect method**（間接法）の 2 つの方法がある。直接法とは減価償却額を直接，固定資産の勘定の貸方に記入し，帳簿価額を減少させる方法である。例えば，車両の減価償却費が $36,000 のとき，次のように仕訳する。

Dr. Depreciation expense	36,000	
Cr. Delivery equipment		36,000

また，固定資産の勘定は取得原価のまま据え置き，減価償却額を **Accumulated depreciation**（減価償却累計額）**勘定**（評価勘定）の貸方に記入する方法を間接法という。減価償却累計額勘定を通じて，帳簿価額を間接的に減少させるのである。間接法による仕訳は，以下のとおりである。

Dr. Depreciation expense	36,000	
Cr. Accumulated depreciation		36,000

Exercises

Q5　Yamauchi Company had the following property, plant and equipment.

	Acquisition date	Acquisition cost	Useful life	Residual value	Depreciation method
Building	1 Sep. 20x1	$200,000	10 years	$20,000	Straight-line
Equipment	1 Jan. 20x2	$40,000	4 years	$2,000	Sum-of-the-years'-digits
Machinery	1 Jan. 20x2	$60,000	5 years	$4,000	Double-declining balance

（1）Compute the following amounts which Yamauchi Company should report in its 20x1 financial statements.

1. Depreciation expense for building $ [   ]

2. Net book value for building $ [   ]

(2) Compute the following amounts which Yamauchi Company should report in its 20x2 financial statements.

1. Total depreciation expense $ [   ]

2. Net book value for equipment $ [   ]

3. Total accumulated depreciation $ [   ]

(3) Compute the following amounts which Yamauchi Company should report in its 20x3 financial statements.

1. Total depreciation expense $ [   ]

2. Net book value for machinery $ [   ]

3. Total accumulated depreciation $ [   ]

Q6   On 1 January 20x1, Yoshioka Company bought machinery at a cost of $50,000. The machinery has a useful life of 5 years and residual (salvage) value of $5,000. It uses the double-declining method for depreciation. Which of the following journal entries should Yoshioka Company make for the machinery on 31 December 20x2?

① Dr. Accumulated depreciation   12,000

  Cr. Depreciation expense   12,000

② Dr. Accumulated depreciation   20,000

  Cr. Depreciation expense   20,000

③ Dr. Depreciation expense   12,000

  Cr. Accumulated depreciation   12,000

④ Dr. Depreciation expense   20,000

  Cr. Accumulated depreciation   20,000

⑤ Dr. Depreciation expense   20,000

      Cr. Machinery   20,000

Q7 The ⬚ allocates the same amount of depreciation expense to each accounting period of use. Select the most appropriate number to fill in the above blank.

① Direct method

② Double-declining-balance method

③ Straight-line method

④ Sum-of-the-years'-digits method

⑤ Units-of-production method

Q8 When a company uses the ⬚ as the depreciation method for an asset, the company can allocate greater amount of depreciation expense in the early years of the asset's life and less in later years. Select the most appropriate number to fill in the above blank.

① Direct method

② Indirect method

③ Straight-line method

④ Sum-of-the-years'-digits method

⑤ Units-of-production method

3 Disposal of Property, Plant and Equipment
（有形固定資産の処分）

　有形固定資産を処分（売却）したときは，その帳簿価額を減額し，売却価額と売却時の帳簿価額との差額を **Gain on sale of equipment**（固定資産売却益）**勘定**（収益）または **Loss on sale of equipment**（固定資産売却損）**勘定**（費用）で処理する。

　例えば，取得原価 \$10,000，減価償却累計額 \$9,000 の車両を \$1,200 で売却し，代金は現金で受け取ったときは，次のように仕訳する。

Dr. Cash	1,200	
Accumulated depreciation	9,000	
Cr. Delivery equipment		10,000
Gain on sale of equipment		200

売却価額が $900 だった場合の仕訳は，以下のとおりである。

Dr. Cash	900	
Accumulated depreciation	9,000	
Loss on sale of equipment	100	
Cr. Delivery equipment		10,000

Exercises

Q9   On 1 January 20x8, Kamiya Company sold its old equipment for $5,000 on cash. The equipment was bought at a cost of $50,000 and the accumulated depreciation as at 1 January 20x8 was $31,500. Make the necessary journal entry for Kamiya Company.

    Dr. (　　　　　　　　　)　　　　　[　　　]

       (　　　　　　　　　)　　　　　[　　　]

       (　　　　　　　　　)　　　　　[　　　]

    Cr. (　　　　　　　　　)　　　　　　　　[　　　]

Q10   On 1 January 20x5, Gibo Company sold its old equipment for $25,000. The equipment was bought at a cost of $80,000 on 1 January 20x1. It has a useful life of 5 years and residual (salvage) value of $8,000. Gibo Company uses the straight-line method. Calculate the amount of gain (loss) on the sale.

4　Intangible Assets（無形資産）

（1）Intangible Assets（無形資産）

　物理的実体（Physical substance）のない，識別可能な資産（金融資産を除く）を **Intangible assets**（無形資産）といい（IASB，IAS 第 38 号「無形資産」par.8），Patent（特許権），Copyright（著作権），Trademark（商標権），License（ライセンス）のような法律上・契約上の権利と，Software（ソフトウェア）や Goodwill（のれん）のような経済的価値に区分される。

（注）識別可能とは，①分離可能である場合（企業から分離または分割して売却や移転などができる場合），②契約またはその他の法的権利から生じている場合のいずれかの場合である（同上，par.12）。

　例えば，著作権（法律上の権利は 15 年）を $500 で取得し，代金は現金で支払った場合の仕訳は，以下のとおりである。

Dr. Copyright	500	
Cr. Cash		500

（2）Amortization of Intangible Assets（無形固定資産の償却）

　無形固定資産も有形固定資産と同様に，資産に計上した後，その原価を経済的効果の発現する期間にわたって，合理的に配分する。この処理を **Amortization**（償却）という。

　償却額は残存価額をゼロとした定額法で算定し，直接法により記帳する。なお，耐用年数は経済的便益を受け取ることができる期間と，法律上の権利期間の短い期間を用いる。また，償却額は **Amortization expense**（償却費）**勘定**（費用）で処理する。

　例えば，当期首に計上した著作権 $500（法律上の権利は 15 年）から 10 年にわたり経済的便益を受け取ると見積もったとき，決算日には，次のように仕訳する。

Dr. Amortization expense	50
Cr. Copyright	50

Exercises

Q11　On 1 January 20x1, Ike Company acquired a patent for $60,000 on cash. It estimated that it would receive economic benefit from the patent over 15 years. The legal life of the patent is 20 years. Make the necessary journal entry for Ike Company.

（1）On 1 January 20x1

　　Dr. (　　　　　　　　　)　　　　　[　　　]

　　　　Cr. (　　　　　　　　　)　　　　　　　[　　　　]

（2）On 31 December 20x1

　　Dr. (　　　　　　　　　)　　　　　[　　　]

　　　　Cr. (　　　　　　　　　)　　　　　　　[　　　　]

わが国との違い②

　わが国の簿記・会計と英文会計にはいくつかの違いがある。例えば，39頁で学んだ仕入割引，45頁で学んだ売上割引も，その処理方法が異なっている。わが国では，仕入割引は営業外収益（財務収益）として，売上割引は営業外費用（財務費用）として処理される。この処理方法は，仕入代金の決済取引は，仕入取引（営業取引）とは別個の独立した取引（財務取引）であり，仕入原価は仕入時に確定し，仕入割引は代金の早期決済による利息の性格を有するという考え方に基づいている。これに対して，英文会計では，仕入割引・売上割引は仕入・売上の評価勘定として処理される（総額法での処理）。この処理方法は，仕入取引と仕入代金の決済取引は連続した1つの取引であり，商品の仕入原価は実際の現金支払額によって測定されなければならないという考え方に基づいている。

Chapter 7

Liabilities and Equity
負債と資本

1 Current Liabilities（流動負債）

（1）**Accounts Payable**（買掛金）

Chapter 5 で学んだように，商品を仕入れ，代金を掛けとした場合に生ずる債務は，Accounts payable（買掛金）**勘定**（負債）で処理する。

（2） **Notes Payable**（支払手形）

手形を振り出した（手形代金の支払人となった）ときは，手形債務が生ずるので，Notes payable（支払手形）**勘定**（負債）で処理する。また，後日，手形代金とともに支払う利息は，Interest expense（支払利息）**勘定**（費用）で処理する。

例えば，商品 $1,000 を仕入れ，代金は掛けとしたときは，

Dr. Purchases	1,000	
Cr. Accounts payable		1,000

と仕訳している。この買掛金について，手形（満期日は 30 日後，利率年 6％の利息が付く）を振り出したときの仕訳は，以下のとおりである。

Dr. Accounts payable	1,000	
Cr. Notes payable		1,000

後日，手形代金と利息を支払ったときは，次のように仕訳する。

Dr. Notes payable	1,000	
Interest expense	5	
Cr. Cash		1,005

＊ Interest expense ＝ $1,000 × 6% × 30 日 /360 日 ＝ $5

(3) Loans Payable（借入金）

新たに資金が必要になり，銀行から借入れを行ったときは，**Loans payable**（借入金）**勘定**（負債）で処理する。例えば，$10,000 を借り入れたときの仕訳は，以下のとおりである。

Dr. Cash	10,000	
Cr. Loans payable		10,000

借入れに際し，手形の振出しが求められることがある。この場合は，借入金勘定ではなく，**Notes payable**（支払手形）**勘定**（負債）で処理する。例えば，$20,000 を借り入れ，手形を振り出したときは，次のように仕訳する。

Dr. Cash	20,000	
Cr. Notes payable		20,000

借入れを行った場合，銀行などの Creditor（債権者）に対して利息を支払わなければならない。利息は Interest expense（支払利息）勘定で処理する。例えば，利息 $50 を支払ったときの仕訳は，以下のとおりである。

Dr. Interest expense	50	
Cr. Cash		50

Exercises

Q1 Toguchi Company issued the following note to Nakamura Company in settlement of an accounts payable.

20 September 20x1
Toguchi Company promised to pay Nakamura Company, $6,000, 80 days from date, at 6% annual interest.
Toguchi Company

Toguchi Company settled the note on the settlement date. Make the necessary journal entries for Toguchi Company. Assume that 1 year = 360 days.

(1) On the issue date

    Dr. (   )   [   ]
        Cr. (   )   [   ]

(2) On the settlement date

    Dr. (   )   [   ]
       (   )   [   ]
        Cr. (   )   [   ]

Q2   Toyozato Company borrowed and received $50,000 cash from a bank. Which of the following journal entries should it make?

①   Dr. Accounts receivable   50,000
        Cr. Loans payable   50,000

②   Dr. Cash   50,000
        Cr. Accounts payable   50,000

③   Dr. Cash   50,000
        Cr. Loans payable   50,000

④   Dr. Loans payable   50,000
        Cr. Accounts payable   50,000

⑤   Dr. Loans payable   50,000
        Cr. Cash   50,000

Q3   On 1 January 20x1, Nikadori Company borrowed and received $60,000 cash from a bank and it will pay 3% annual interest. On 31 December 20x1, Nikadori Company paid interest to the bank. Which of the following journal entries should Nikadori Company make on 31 December 20x1?

①   Dr. Cash   1,800
        Cr. Interest expense   1,800

②	Dr. Cash	1,800	
	Cr. Interest income		1,800
③	Dr. Interest expense	1,800	
	Cr. Cash		1,800
④	Dr. Interest income	1,800	
	Cr. Cash		1,800
⑤	Dr. Loans payable	1,800	
	Cr. Cash		1,800

Q4 Hirahara Company repaid $70,000 loan. Select the most appropriate combination to fill in ☐ A ☐ and ☐ B ☐ of the following T-accounts.

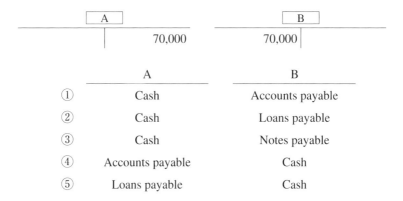

	A	B
①	Cash	Accounts payable
②	Cash	Loans payable
③	Cash	Notes payable
④	Accounts payable	Cash
⑤	Loans payable	Cash

Q5 Fukunaga Company borrowed $80,000 from a bank and gave a note in exchange issued at face value. Which of the following journal entries should it make?

①	Dr. Cash	80,000	
	Cr. Accounts payable		80,000
②	Dr. Cash	80,000	
	Cr. Loans payable		80,000

  ③ Dr. Cash   80,000

           Cr. Notes payable   80,000

  ④ Dr. Loans payable   80,000

           Cr. Cash   80,000

  ⑤ Dr. Notes payable   80,000

           Cr. Cash   80,000

2 Bonds（社債）

(1) Bonds Issued at a Premium or a Discount（社債の割増・割引発行）

　長期資金を調達するため，Bonds（社債）を発行することがある。社債とは，上場企業が発行する，規格の統一された長期の利子付手形である。したがって，社債の発行会社はその購入者に対して，一定の期日に一定の利息を支払い，満期日に社債の額面金額を返済する義務を負う。

　社債の Issue price（発行価額）は，Stated interest rate（表面金利。社債券に印刷されている金利で，会社が支払いを約束した利子率）と，Effective interest rate（市場金利。市場での社債の金利で，市場がその会社に要求する利子率）の関係により決定する。

　　・表面金利＝市場金利 → Bonds issued at a face value（額面発行）

　　・表面金利＜市場金利 → Bonds issued at a discount（割引発行）

　　・表面金利＞市場金利 → Bonds issued at a premium（割増発行）

（注）表面金利は Contract rate, Coupon rate, Face rate または Nominal rate ともいう。また，市場金利は Market rate または Yield rate ともいう。

　表面金利と市場金利が等しければ，社債は Face value（額面金額。社債券に印刷されている金額で，満期日に返済する金額）で発行する。しかし，市場金利が表面金利より高ければ，投資家は表面金利では満足しないので，額面金額よりも低い価額で社債を発行しなければならない。逆に，表面金利が市場金利よりも高い場合，買いが集中するので，額面金額よりも高い価額で社債を発行することができる。

いずれの場合であっても，社債を発行したときは，その発行価額で **Bonds payable**（社債）勘定（負債）の貸方に記入する。なお，発行価額は Present value of face value（額面金額の現在価値）と Present value of total interest payment（支払利息累計額の現在価値）の総計である。

例えば，20x1 年 1 月 1 日に，額面総額 $100,000，表面金利 6%（利払日は 12 月 31 日），償還期限 3 年の社債を発行した。そのときの市場金利が 5% だった場合，発行価額は額面金額を上回り，$102,723（=$86,384*＋$16,339**）となる（割増発行。図 1 参照）。発行時の仕訳は，以下のとおりである。

Dr. Cash	102,723	
Cr. Bonds payable		102,723

〔図 1〕 発行価額の計算

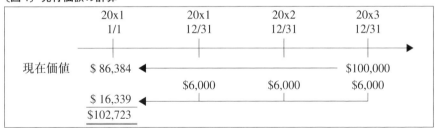

$$*\frac{\$100,000}{1.05^3}=\$86,384 \qquad **\frac{\$6,000}{1.05}+\frac{\$6,000}{1.05^2}+\frac{\$6,000}{1.05^3}=\$16,339$$

これとは逆に，上記社債の表面金利が 4% だった場合，発行価額は額面金額を下回り，$97,277（=$86,384*＋$10,893**）となる（割引発行）。

$$*\frac{\$100,000}{1.05^3}=\$86,384 \qquad **\frac{\$4,000}{1.05}+\frac{\$4,000}{1.05^2}+\frac{\$4,000}{1.05^3}=\$10,893$$

（2）**Amortization of Bond Premium and Bond Discount**（割増額・割引額の償却）

1）Amortization of Bond Premium（割増額の償却）

Bond premium（割増額）は社債の償還期間にわたって償却する。償却は，**Effective interest method**（償却原価法）を適用する。

　償却原価法では，社債の額面金額に表面金利を乗じて Interest to be paid（名目利息：利息支払額）を求め，これから社債の期首帳簿価額に市場金利を乗じて求めた Interest expense（実効利息：支払利息として費用計上）を差し引いて償却額を算出する（表 1 参照）。償却額は社債勘定で処理する。

　$102,723 で発行した前頁の社債（額面総額 $100,000，年利率 6%，償還期限 3 年，社債発行時の市場金利 5%）について，20x1 年 12 月 31 日（決算日，利払日）に行う仕訳は，以下のとおりである。

Dr. Interest expense	5,136	
Bonds payable	864	
Cr. Cash		6,000

　決算日ごとに，これと同様の仕訳を行い，割増額を償却していけば，Maturity date（満期日：社債の返済日）に，社債の Carrying amount（帳簿価額）は額面金額（返済額）と等しくなる。

〔表 1〕プレミアム（割増額）の償却

	Interest to be Paid 利息支払額	Interest Expense 支払利息	Premium Amortization 割増額の償却	Bonds Carrying Amount 社債の帳簿価額
20x1.1.1				$102,723
20x1.12.31	$6,000	$5,136*	$864	$101,859
20x2.12.31	$6,000	$5,093	$907	$100,952
20x3.12.31	$6,000	$5,048	$952	$100,000

（注）利息支払額 ＝ $100,000×6% ＝ $6,000
　　　支払利息 ＝ 社債の期首帳簿価額（前期末帳簿価額）×5%
　　　割増額の償却 ＝ 利息支払額 − 支払利息
　　　帳簿価額 ＝ 社債の前期末帳簿価額 − 割増額の償却
　　　＊ $1 未満を四捨五入（以下，同様）。

2）Amortization of Bond Discount（割引額の償却）

Bond discount（割引額）も割増額同様，償却原価法を適用し，社債の償還期

間にわたって償却する（表 2 参照）。$97,277 で発行した前頁の社債（額面総額 $100,000，年利率 4％，償還期限 3 年，社債発行時の市場金利 5％）について，20x1 年 12 月 31 日（決算日，利払日）に行う仕訳は，以下のとおりである。

Dr. Interest expense	4,864	
Cr. Cash		4,000
Bonds payable		864

〔表 2〕ディスカウント（割引額）の償却

	Interest to be Paid 利息支払額	Interest Expense 支払利息	Premium Discount 割引額の償却	Bonds Carrying Amount 社債の帳簿価額
20x1.1.1				$97,277
20x1.12.31	$4,000	$4,864*	$864	$98,141
20x2.12.31	$4,000	$4,907	$907	$99,048
20x3.12.31	$4,000	$4,952	$952	$100,000

（注）利息支払額 = $100,000×4％= $ 4,000
　　　支払利息 = 社債の期首帳簿価額（前期末帳簿価額）×5％
　　　割引額の償却 = 支払利息 − 利息支払額
　　　帳簿価額 = 社債の前期末帳簿価額 + 割引額の償却
　　　＊ $1 未満を四捨五入（以下，同様）。

Exercises

Q6 On 1 January 20x1, Nakama Company issued $50,000 of 4％ bonds maturing in 3 years. The bonds yield 2％ and interest is payable annually at 31 December. Calculate the issue price of the bonds.

Q7 On 1 January 20x1, Takara Company issued $50,000 of 2％ bonds maturing in 3 years for $47,226. The bonds yield 4％ and interest is payable annually at 31 December. Calculate the following amounts. Round each amount to the nearest dollar, if necessary.

1. Interest expense for the year ended 31 December 20x1 $ [   ]

2. Cash paid as interest at 31 December 20x1 $ [   ]

3. Carrying amount of bonds payable as at 31 December 20x1 $ [   ]

3 Equity（資本）

(1) Share Capital（資本金）

株式会社の設立に当たり株式を発行したときは，Shareholder（株主。または Stockholder）からの払込金額を **Share capital**（資本金）**勘定**（資本）で処理する。例えば，株式を発行し，現金 $50,000 を受け取ったときの仕訳は，以下のとおりである。

Dr. Cash	50,000	
Cr. Share capital		50,000

払込みは現金に限らないので，建物や土地など，現物で出資を受けることもある。例えば，株式を発行し，建物 $100,000 と土地 $500,000 を受け取ったときは，次のように仕訳する。

Dr. Building	100,000	
Land	500,000	
Cr. Share capital		600,000

設立後，会社は必要に応じて株式を発行することができる。その際も，上記の仕訳と同じように資本金勘定で処理する。

(2) Retained Earnings（利益剰余金）

決算の結果生じた Profit for the year（当期利益）は，**Retained earnings**（利益剰余金）**勘定**（資本）に集計される（Chapter 10 で学ぶ）。したがって，利益剰余金は利益が出れば増加し，逆に，損失が生じれば減少する。また，配当を行えば，利益剰余金はその分だけ減少する。

配当を行うことを決めた（Declared dividends（配当決議）という）ときは，**Dividends payable**（未払配当金）**勘定**（負債）で処理し，利益剰余金を減額する。例えば，配当 $150 を決議したときの仕訳は，以下のとおりである。

Dr. Retained earnings	150	
Cr. Dividends payable		150

後日，配当 $150 を支払ったときは，次のように仕訳する。

Dr. Dividends payable	150	
Cr. Cash		150

Exercises

Q8   Ikema Company issued ordinary shares, all at par value, in exchange for $70,000 cash. Which of the following journal entries should it make?

① Dr. Cash 70,000
  Cr. Accounts payable 70,000

② Dr. Cash 70,000
  Cr. Loans payable 70,000

③ Dr. Cash 70,000
  Cr. Retained earnings 70,000

④ Dr. Cash 70,000
  Cr. Share capital 70,000

⑤ Dr. Share capital 70,000
  Cr. Cash 70,000

Q9   Iha Company issued ordinary shares, all at par value, in exchange for $80,000 worth of a building. Select the most appropriate combination to fill in ⎡ A ⎤ and ⎡ B ⎤ of the following T-accounts.

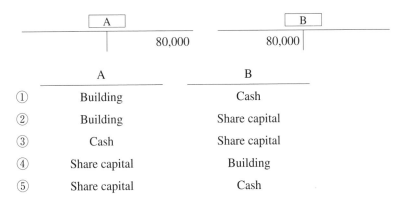

	A	B
①	Building	Cash
②	Building	Share capital
③	Cash	Share capital
④	Share capital	Building
⑤	Share capital	Cash

Q10 Matsuda Company declared $10,000 of cash dividends from retained earnings on 25 December 20x1 and paid the dividends on 20 January 20x2. Make the necessary journal entries for Matsuda Company.

(1) On 25 December 20x1

　　Dr. (　　　　　　　　)　　　　　[　　　]

　　　Cr. (　　　　　　　　)　　　　　　　[　　　]

(2) On 20 January 20x2

　　Dr. (　　　　　　　　)　　　　　[　　　]

　　　Cr. (　　　　　　　　)　　　　　　　[　　　]

Q11 Ishikawa Company declared $11,000 of cash dividends from retained earnings on 15 December 20x3 and paid the dividends on 20 January 20x4. It reported $33,000 of retained earnings as at 31 December 20x2 and $22,000 of profit for the year ended 31 December 20x3. Calculate the amount of retained earnings as at 31 December 20x3.

Year-End!

年度末！

Part 3 では，年度末の会計処理，具体的には，試算表の作成から決算整理仕訳，締切仕訳，財務諸表の作成を学ぶ。年度末（通常，英米では 12 月末）は経理担当者にとって，Busy season（忙しい季節）といわれる。本編を学習することで，それが実感できるだろう。

Chapter 8

Trial Balance
試算表

▮1 Year-End!（年度末！）

Chapter 1 で学んだように，企業活動の測定は一定期間を単位として行われる。そのため，Year-end（年度末・期末）になったら，総勘定元帳の勘定記録を整理し，勘定を締め切り，純損益計算書と財政状態計算書を作成しなければならない。この一連の手続を決算といい，決算を行う日を決算日と呼ぶ。

決算手続は，次の手順で行う。

① 試算表の作成

② 決算整理仕訳（Chapter 9 で学ぶ）

③ 締切仕訳（Chapter 10 で学ぶ）

④ 財務諸表（純損益計算書と財政状態計算書）の作成（Chapter 11 で学ぶ）

▮2 Trial Balance（試算表）

（1） Trial Balance（試算表）

1つの取引を仕訳帳へ仕訳するとき，借方に記入する金額と貸方に記入する金額は等しい。総勘定元帳への転記はこれを該当する勘定へ書き移すだけだから，ある勘定の借方に転記される金額と，他の勘定の貸方に転記される金額も等しい。したがって，すべての勘定の借方記入額の合計と貸方記入額の合計も等しいはずである。この原理を用いて記録の正確性を検証するために作成される計算書を Trial balance（試算表）という。

総勘定元帳の勘定記録を基にして財務諸表が作成されるので，これを作成する前に，仕訳と転記が正しく行われたかどうかを検証するのである。このよう

に，試算表は年度末には必ず作成しなければならないが，誤りを早期に発見するため，期中においても定期的（例えば，毎月）に作成することが望ましい。

（2）　Preparation of Trial Balance（試算表の作成）

試算表の作成方法は，以下のとおりである。

① 各勘定の借方と貸方の合計を求める。

② 各勘定の残高（借方合計額と貸方合計額の差額）を求める。

③ 各勘定の残高を試算表に書き移す。資産・費用の勘定は借方残高なので借方へ，負債・資本・収益の勘定は貸方残高なので貸方へ記入する。

④ 試算表の借方合計額と貸方合計額が一致しているかどうかを確認する。

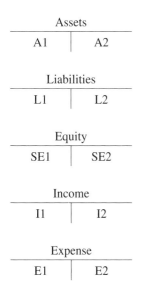

	Akamine Company Trial Balance 31 December 20x1	
	Dr.	Cr.
Assets	A1 − A2	
Liabilities		L2 − L1
Equity		SE2 − SE1
Income		I2 − I1
Expense	E1 − E2	
Total	× × ×	× × ×

└── 一致する ──┘

Exercises

Questions 1 and 2 are based on the following:

Uezu Company is preparing a trial balance with the following accounts.

Accounts payable	$3,100	Retained earnings	$?
Accounts receivable	3,900	Salaries expense	2,900
Cash	2,800	Sales	18,400
Land	15,000	Share capital	16,000
Purchases	13,600	Utilities expense	1,100

Q1   Calculate the total of all debit balances.

Q2   Assume that the total of all debit balances equals to the total of all credit balances. What is the amount of retained earnings?

Q3   Oshiro Company had the following accounts as at 31 December 20x2.

Accounts payable	$3,100	Purchases	$16,800
Accounts receivable	1,900	Rent expense	1,400
Cash	1,700	Retained earnings	2,400
Equipment	20,000	Salaries expense	3,300
Inventory	2,600	Sales	23,400
Notes payable	3,800	Share capital	?

Determine the amount of share capital and complete Oshiro Company's trial balance. When an entry is made in either the debit or credit column, the other should remain blank except for "Total".

	Dr.		Cr.	
Cash	$ [	]	$ [	]
Accounts receivable	[	]	[	]
Inventory	[	]	[	]
Equipment	[	]	[	]
Accounts payable	[	]	[	]

Notes payable	[	]	[	]
Share capital	[	]	[	]
Retained earnings	[	]	[	]
Sales	[	]	[	]
Purchases	[	]	[	]
Rent expense	[	]	[	]
Salaries expense	[	]	[	]
Total	$ [	]	$ [	]

Q4   Ota Company had the following accounts as at 1 November 20x2.

Accounts payable	$2,800	Inventory	$4,600
Accounts receivable	3,100	Retained earnings	800
Cash	3,900	Share capital	8,000

During November, Ota Company had the following transactions.

Date	Transaction
3	Purchased $1,100 of merchandise on account.
4	Sold $2,800 of merchandise on account.
5	Paid $1,700 cash to settle an accounts payable.
12	Received $2,100 cash in settlement of an accounts receivable.
13	Sold $2,600 of merchandise on account.
14	Purchased $2,200 of merchandise on account.
25	Paid $1,800 cash for salaries.
26	Received $2,400 of note in settlement of an accounts receivable.
27	Received $2,300 cash in settlement of an accounts receivable.

Calculate the balance of each account and complete the Ota Company's trial balance as at 30 November 20x2. When an entry is made in either the debit or credit column, the other should remain blank except for "Total".

	Dr.	Cr.
Cash	$ [ ]	$ [ ]
Accounts receivable	[ ]	[ ]
Notes receivable	[ ]	[ ]
Inventory	[ ]	[ ]
Accounts payable	[ ]	[ ]
Share capital	[ ]	[ ]
Retained earnings	[ ]	[ ]
Sales	[ ]	[ ]
Purchases	[ ]	[ ]
Salaries expense	[ ]	[ ]
Total	$ [ ]	$ [ ]

Q5 Iju Company prepares trial balance at the end of each month. On 31 July 20x2, the following trial balance did not balance.

	Dr.	Cr.
Cash	$2,600	
Accounts receivable	5,500	
Accounts payable		$1,400
Share capital		5,000
Retained earnings		100
Sales		6,300
Rent expense	1,100	
Salaries expense	2,700	
Utilities expense	800	
Total	$12,700	$12,800

In reviewing the ledger and journals, the following errors were revealed.

① A cash payment of $400 in settlement of an accounts payable was recorded as a debit to accounts receivable account for $400 and a credit to cash account for

$500.

② A journal entry for a payment of $200 for salaries expense was not posted.

③ A payment of $300 for rent expense was debited to utilities expense account.

④ $500 worth of services performed on account for a client was recorded as a debit to cash account for $600 and a credit to sales account for $600.

Prepare a corrected trial balance.

	Dr.	Cr.
Cash	$ [ ]	
Accounts receivable	[ ]	
Accounts payable		$ [ ]
Share capital		[ ]
Retained earnings		[ ]
Sales		[ ]
Rent expense	[ ]	
Salaries expense	[ ]	
Utilities expense	[ ]	
Total	$ [ ]	$ [ ]

3 Limitation of Trial Balance（試算表の限界）

　試算表の検証能力には一定の限界がある。つまり，試算表を作成しても，次のような誤りは発見できない。
- ある取引をまったく仕訳しなかった場合，または二重に仕訳した場合
- 勘定科目を間違えて仕訳した場合
- 借方と貸方の金額を同額ずつ間違えて仕訳した場合
- ある仕訳をまったく転記しなかった場合，または二重に転記した場合
- 勘定科目を間違えて転記した場合
- 借方と貸方を反対に転記した場合

Exercise

Q6 Determine whether each of the following errors is detected by a trial balance. Check (✓) the right answer.

	Detected	Not detected
1. A journal entry for a transaction was recorded twice.	[ ]	[ ]
2. A journal entry was not posted to the ledger.	[ ]	[ ]
3. A journal entry was posted twice to the ledger.	[ ]	[ ]
4. The whole entry for a transaction was failed to be recorded.	[ ]	[ ]
5. When a journal entry was made, the account title in the credit side was wrong.	[ ]	[ ]
6. When a journal entry was made, the amount in the debit side was wrong.	[ ]	[ ]
7. When a journal entry was posted to the ledger, the account title in the debit side was wrong.	[ ]	[ ]
8. When a journal entry was posted to the ledger, the amount in the credit side was wrong.	[ ]	[ ]
9. When a journal entry was posted to the ledger, the amount in the debit side was not recorded.	[ ]	[ ]

Chapter 9

Adjusting Entries
決算整理仕訳

1 Adjusting Entries（決算整理仕訳）

Chapter 8で学んだように，決算は総勘定元帳の勘定記録に基づいて行われる。しかし，これらの勘定記録は期中における取引を記帳したものに過ぎず，資産・負債・資本の各勘定の中には，期末現在の実際有高を表していないものがある。また，収益・費用の各勘定の中にもその期間の発生額を示していないものもある。

そこで，決算に当たり，勘定記録を修正して，各勘定残高が正しい有高または発生額を表すようにしなければならない。この手続を決算整理といい，そのために必要な仕訳を Adjusting entries（決算整理仕訳）と呼ぶ。

2 Income Tax（法人所得税）

企業の所得に課せられる税金を Income tax（法人所得税）という。決算に当たり，Profit before income tax（税引前利益）に Tax rate（税率）を乗じた額を Income tax expense（法人所得税費用）**勘定**（費用）の借方に記入するとともに，Income tax payable（未払法人所得税）**勘定**（負債）の貸方に記入する。

例えば，税引前利益が$3,000，税率が30％の場合の仕訳は，以下のとおりである。

Dr. Income tax expense	900	
Cr. Income tax payable		900

翌期になり，法人所得税を現金で納付したときは，次のように仕訳する。

Dr. Income tax payable	900	
Cr. Cash		900

（注）実際には，法人税額は Taxable income（課税所得）に税率を乗じて求める。つまり，法人所得税の課税標準は課税所得であり，税引前利益ではない。また，課税所得と税引前利益は，その計算構造が異なるので一致せず，その調整が必要である（税効果会計を適用）。ただし，ここでは便宜的に課税所得＝税引前利益として，法人税額を計算している。

Exercise

Q1　Akamine Company reported $20,000 of profit for the year ended 31 December 20x1. On 31 December 20x1, it recognized income tax expense and paid the income tax on 20 February 20x2. The tax rate is 30%. Make the necessary journal entry for Akamine Company.

（1）On 31 December 20x1

Dr.（　　　　　　　）　　［　　　　］

　　Cr.（　　　　　　　）　　　　［　　　］

（2）On 20 February 20x2

Dr.（　　　　　　　）　　［　　　　］

　　Cr.（　　　　　　　）　　　　［　　　］

３ Prepaid Expense and Unearned Revenue
（前払費用と前受収益）

（1）Prepaid Expense（前払費用）

　Rent expense（支払家賃）などの費用で，支払った金額に次期以降の費用となる分（前払分）が含まれている場合は，前払分を費用の勘定から差し引くとともに，Prepaid rent expense（前払家賃）勘定など資産の勘定（これを **Prepaid expense**（前払費用）という）に記入する。

　例えば，20x1 年 3 月 1 日に事務所 1 年分の家賃 $120 を現金で支払ったときは，

次のように仕訳している。

Dr. Rent expense	120	
Cr. Cash		120

Rent expense	
3/1　　120	

　会計期間が暦年（1月1日から12月31日）であれば，支払額 $120 には 20x2 年1月～2月分の家賃（次期の費用）が含まれている。つまり，当期の支払家賃は $100（20x1 年3月～12月の10ヶ月分）なので，以下のように仕訳して，前払分を次期へ繰り延べる。

Dr. Prepaid rent expense	20	
Cr. Rent expense		20

＊ Prepaid rent expense = $120×2ヶ月 /12ヶ月 = $20

Rent expense		Prepaid rent expense	
3/1　　120	12/31　　20	12/31　　20	

　前払費用は次期に費用となるものなので，次期の最初の日付（決算日の翌日）で元の費用の勘定へ振り替える。これを再振替といい，そのための仕訳を **Reversing entry**（再振替仕訳）と呼ぶ。

Dr. Rent expense	20	
Cr. Prepaid rent expense		20

　また，支払時に前払家賃勘定で処理し，決算に際し，実際に借りた月の家賃（当期の費用）を支払家賃勘定へ振り替えることもある。例えば，20x1 年3月1日に事務所1年分の家賃 $120 を現金で支払ったときは，

Dr. Prepaid rent expense	120	
Cr. Cash		120

と仕訳し，決算日（12 月 31 日）には次のように仕訳する。

Dr. Rent expense	100	
Cr. Prepaid rent expense		100

上記 2 つの仕訳の勘定記入を示せば，以下のとおりである。どの方法を適用しても，支払家賃勘定の残高は $100，前払家賃勘定の残高は $20 となる。

Prepaid rent expense			Rent expense	
3/1 120	12/31 100		12/31 100	

（2） Unearned Revenue（前受収益）

Rent income（受取家賃）などの収益で，受け取った金額に次期以降の収益となる分（前受分）が含まれている場合は，前受分を収益の勘定から差し引くとともに，Unearned rent income（前受家賃）勘定など負債の勘定（これを **Unearned revenue**（前受収益）という）に記入する。

例えば，20x1 年 3 月 1 日に事務所 1 年分の家賃 $120 を現金で受け取ったときは，次のように仕訳している。

Dr. Cash	120	
Cr. Rent income		120

Rent income	
3/1	120

会計期間が暦年であれば，受取額 $120 には 20x2 年 1 月～2 月分の家賃が含まれているので，以下のように仕訳して，前受分を次期へ繰り延べる。

Dr. Rent income	20	
Cr. Unearned rent income		20

Rent income		Unearned rent income	
12/31 20	3/1 120		12/31 20

前受収益も前払費用と同じように，次期の最初の日付で元の収益の勘定へ振り替える。

Dr. Unearned rent income	20	
Cr. Rent income		20

また，受取時に前受家賃勘定で処理し，決算に際し，実際に貸した月の家賃を受取家賃勘定へ振り替えることもある。例えば，20x1年3月1日に事務所1年分の家賃 $120 を現金で受け取ったときは，

Dr. Cash	120	
Cr. Unearned rent income		120

と仕訳し，決算日には次のように仕訳する。

Dr. Unearned rent income	100	
Cr. Rent income		100

上記2つの仕訳の勘定記入を示せば，以下のとおりである。

Unearned rent income				Rent income		
12/31	100	3/1	120		12/31	100

Exercises

Q2 On 1 August 20x1, Miyazato Company paid $4,800 for a four-year insurance policy in a lump sum. What amount of insurance expense should Miyazato Company report in its income statement for the year ended 31 December 20x1?

Questions 3 and 4 are based on the following:

On 1 October 20x1, Akamine Company started to rent an office and paid $6,000 cash as the annual rent fee.

Q3   Assume that Akamine Company debited the annual rent fee to an expense account on 1 October 20x1. Make the necessary journal entries for Akamine Company.

(1) On 1 October 20x1

　　Dr. (　　　　　　　　)　　　　　　[　　　]

　　　　Cr. (　　　　　　　)　　　　　　　　[　　　]

(2) On 31 December 20x1

　　Dr. (　　　　　　　　)　　　　　　[　　　]

　　　　Cr. (　　　　　　　)　　　　　　　　[　　　]

Q4   Assume that Akamine Company debited the annual rent fee to an asset account on 1 October 20x1. Make the necessary journal entries for Akamine Company.

(1) On 1 October 20x1

　　Dr. (　　　　　　　　)　　　　　　[　　　]

　　　　Cr. (　　　　　　　)　　　　　　　　[　　　]

(2) On 31 December 20x1

　　Dr. (　　　　　　　　)　　　　　　[　　　]

　　　　Cr. (　　　　　　　)　　　　　　　　[　　　]

Q5   On 1 September 20x1, Arakaki Company started to rent an office. On the same date, it paid $7,200 cash as the annual rent fee and debited to an expense account. When Arakaki Company uses the reversing entry, which of the following journal entries should Arakaki Company make on 1 January 20x2?

① 　Dr. Prepaid rent expense　　　　2,400

　　　Cr. Rent expense　　　　　　　　　　2,400

② 　Dr. Prepaid rent expense　　　　4,800

　　　Cr. Rent expense　　　　　　　　　　4,800

③ 　Dr. Rent expense　　　　　　　　2,400

　　　Cr. Prepaid rent expense　　　　　　2,400

④ Dr. Rent expense   4,800

   Cr. Prepaid rent expense   4,800

⑤ Dr. Rent expense   7,200

   Cr. Prepaid rent expense   7,200

Questions 6 and 7 are based on the following:

On 1 November 20x1, Ikehara Company started to rent an office and received $8,400 cash as the annual rent fee.

Q6 Assume that Ikehara Company credited the annual rent fee to an income account on 1 November 20x1. It uses the reversing entry. Make the necessary journal entries for Ikehara Company.

(1) On 1 November 20x1

　Dr. (   )   [   ]

　　Cr. (   )   [   ]

(2) On 31 December 20x1

　Dr. (   )   [   ]

　　Cr. (   )   [   ]

(3) On 1 January 20x2

　Dr. (   )   [   ]

　　Cr. (   )   [   ]

Q7 Assume that Ikehara Company credited the annual rent fee to a liabilities account on 1 November 20x1. Make the necessary journal entries for Ikehara Company.

(1) On 1 November 20x1

　Dr. (   )   [   ]

　　Cr. (   )   [   ]

(2) On 31 December 20x1

Dr. (　　　　　　　　　　)　　　　　　[　　　]

Cr. (　　　　　　　　　　)　　　　　　　　　[　　　]

4　Accrued Expense and Accrued Revenue
（未払費用と未収収益）

（1）　Accrued Expense（未払費用）

　Interest expense（支払利息）などの費用で，まだ支払っていないために記録されていないが，当期の費用としてすでに発生している分（未払分）がある場合は，未払分を費用の勘定に計上するとともに，Interest payable（未払利息）勘定など負債の勘定（これを Accrued expense（未払費用）という）に記入する。

　例えば，20x1 年 12 月 1 日に利率年 5% で現金 $2,400 を借り入れ，翌年の 11 月 30 日に元本と利息を合わせて返済する場合，まだ利息を支払っていないので，支払利息勘定には何も記入されていない。

　会計期間が暦年であれば，支払っていなくても，20x1 年度中に 1 ヶ月分（12 月分）の利息は発生している。そこで，以下のように仕訳して，未払分を次期へ繰り越す。

Dr. Interest expense	10	
Cr. Interest payable		10

＊ Interest payable = $2,400 × 5% × 1 ヶ月 /12 ヶ月 = $10

Interest expense			Interest payable		
12/31	10			12/31	10

　未払費用は次期の最初の日付で元の費用の勘定へ振り替える。次期に支払っ

たとき，それを前期分（未払分）の支払いと当期分の支払いに区分する手間を
省くためである。

Dr. Interest payable	10	
Cr. Interest expense		10

返済時の仕訳は，以下のとおりである。

Dr. Loans payable	2,400	
Interest expense	120	
Cr. Cash		2,520

このように，再振替仕訳を行っておけば，前期末の決算整理仕訳を確認する
手間が省かれ，利息の支払額 $120 を支払利息勘定で処理できる（再振替仕訳の
$10 と相殺されるので，当期の支払利息は $110 となる）。

再振替仕訳を行わなかった場合，返済時には次のように仕訳する。

Dr. Loans payable	2,400	
Interest payable	10	
Interest expense	110	
Cr. Cash		2,520

(2) Accrued Revenue（未収収益）

Interest income（受取利息）などの収益で，まだ受け取っていないために記録
されていないが，当期の収益としてすでに発生している分（未収分）がある場
合は，未収分を収益の勘定に計上するとともに，Interest receivable（未収利息）
勘定など資産の勘定（これを Accrued revenue（未収収益）という）に記入する。

例えば，12 月 1 日に利率年 5% で現金 $2,400 を貸し付け，翌年の 11 月 30
日に元本と利息を合わせて回収する場合，まだ利息を受け取っていないので，
受取利息勘定には何も記入されていない。

Interest income

―――――――――――|―――――――――――

会計期間が暦年であれば，20x1年度中に1ヶ月分の利息は発生しているので，以下のように仕訳して，未収分を次期へ繰り越す。

Dr. Interest receivable	10	
Cr. Interest income		10

Interest income		Interest receivable	
12/31 10		12/31 10	

未収収益も未払費用と同じように，次期の最初の日付で元の収益の勘定へ振り替える。

Dr. Interest income	10	
Cr. Interest receivable		10

返済を受けたときの仕訳は，以下のとおりである。

Dr. Cash	2,520	
Cr. Loans receivable		2,400
Interest income		120

Exercises

Q8 Uechi Company borrowed and received $40,000 cash from a bank on 1 September 20x1. It will pay 3% interest annually on 31 August and repay the principal in three years. Uechi Company uses the reversing entry. Make the necessary journal entries for Uechi Company.

（1）On 31 December 20x1

Dr. （   ）   [   ]

Cr. （   ）   [   ]

(2) On 1 January 20x2

    Dr. (   )   [   ]

        Cr. (   )   [   ]

(3) On 31 August 20x2

    Dr. (   )   [   ]

        Cr. (   )   [   ]

Q9   On 25 January 20x2, Shimoji Company paid employees $6,000 cash as salaries from 21 December 20x1 through 20 January 20x2. Salaries from 21 December through 31 December 20x2 were $2,000. It uses the reversing entry. Make the necessary journal entries for Shimoji Company.

(1) 31 December 20x1

    Dr. (   )   [   ]

        Cr. (   )   [   ]

(2) 1 January 20x2

    Dr. (   )   [   ]

        Cr. (   )   [   ]

(3) 25 January 20x2

    Dr. (   )   [   ]

        Cr. (   )   [   ]

Questions 10 through 12 are based on following:

Urasaki Company lent $50,000 cash to Oshiro Company on 1 November 20x1. It will receive 3% interest annually on 31 October and repayment of the principal on 31 October 20x4.

Q10 What amount of interest income should Urasaki Company report in its income statement for the year ended 31 December 20x1?

Q11 Urasaki Company made the correct adjusting entry on 31 December 20x1. What is the effect of this adjusting entry on the amount of assets, liabilities, and equity?

	Assets	Liabilities	Equity
①	Decrease	Decrease	No effect
②	Increase	Increase	No effect
③	Increase	No effect	Increase
④	No effect	Increase	Increase
⑤	No effect	Decrease	Decrease

Q12 When Urasaki Company uses the reversing entry, which of the following entries should Urasaki Company make on 1 January 20x2?

① Dr. Interest income 250
   Cr. Interest receivable 250

② Dr. Interest income 1,250
   Cr. Interest receivable 1,250

③ Dr. Interest receivable 250
   Cr. Interest income 250

④ Dr. Interest receivable 1,250
   Cr. Interest income 1,250

⑤ Dr. Unearned interest income 250
   Cr. Interest income 250

5 Office Supplies（消耗品）

　消耗品を買い入れたときは，**Office supplies**（消耗品）**勘定**（資産）で処理し，決算に当たり，消費高を **Office supplies expense**（消耗品費）**勘定**（費用）へ振り替える。例えば，10 月 1 日に消耗品 $100 を購入し，代金は後日支払うことにしたときの仕訳は，以下のとおりである。

Dr. Office supplies	100	
Cr. Accounts payable		100

Office supplies		
10/1	100	

　そして，決算日（12 月 31 日）に消耗品 $15 が未使用のままだったとき，次のように仕訳する。

Dr. Office supplies expense	85	
Cr. Office supplies		85

＊ Office supplies expense = \$100 − \$15 = \$85

Office supplies				Office supplies expense	
10/1	100	12/31	85	12/31	85

　また，消耗品を買い入れたときは消耗品費勘定で処理し，決算に際し，未消費高を消耗品勘定へ振り替えることもある。例えば，消耗品 \$100 を購入し，代金は後日支払うことにしたときの仕訳は，以下のとおりである。

Dr. Office supplies expense	100	
Cr. Accounts payable		100

Office supplies expense		
10/1	100	

　そして，決算日に消耗品 \$15 が未使用のままだったとき，次のように仕訳する。

Dr. Office supplies	15	
Cr. Office supplies expense		15

Office supplies expense				Office supplies	
10/1	100	12/31	15	12/31	15

　どの方法を適用しても，消耗品勘定の残高は $15，消耗品費勘定の残高は $85 となる。なお，後者の方法による場合，繰り延べられた消耗品は次期に使用されて費用となるので，以下のように仕訳して，次期の最初の日付で消耗品費勘定へ振り替える。

Dr. Office supplies expense	15	
Cr. Office supplies		15

Exercises

Q13 On 1 February 20x1, Kamizato Company bought $3,000 of office supplies for cash. $1,100 of them remained unused on 31 December 20x1. What amount of office supplies expense should Kamizato Company report in its income statement for the year ended 20x1?

Q14 On 1 March 20x1, Kurogi Company bought $2,500 of office supplies on account and debited to an asset account. $800 of them remained unused on 31 December 20x1. Make the necessary journal entries for Kurogi Company.

(1) On 1 March 20x1

　　Dr. (　　　　　　　　　) 　　　　[　　　]

　　　Cr. (　　　　　　　　　) 　　　　　　[　　　]

(2) On 31 December 20x1

　　Dr. (　　　　　　　　　) 　　　　[　　　]

　　　Cr. (　　　　　　　　　) 　　　　　　[　　　]

Q15 On 1 April 20x1, Kohagura Company bought $2,800 of office supplies on account and debited to an expense account. $900 of them remained unused on 31 December 20x1. It uses the reversing entry. Make the necessary journal entries for Kohagura Company.

(1) On 1 April 20x1

    Dr. (　　　　　　　　　)　　　　　[　　　　]

      Cr. (　　　　　　　　　)　　　　　　　　　[　　　　]

(2) On 31 December 20x1

    Dr. (　　　　　　　　　)　　　　　[　　　　]

      Cr. (　　　　　　　　　)　　　　　　　　　[　　　　]

(3) On 1 January 20x2

    Dr. (　　　　　　　　　)　　　　　[　　　　]

      Cr. (　　　　　　　　　)　　　　　　　　　[　　　　]

6　Adjusted Trial Balance （決算整理後試算表）

　決算整理後の勘定残高の正否を確認するため，Adjusted trial balance（決算整理後試算表）を作成する。

Shinjo Company

Adjusted Trial Balance

31 December 20x1

Account Title	Trial Balance		Adjustments		Adjusted Trial Balance	
	Debit	Credit	Debit	Credit	Debit	Credit
①	②		③		④	

決算整理後試算表の作成方法は，以下のとおりである。

① Account title（勘定科目欄）に，勘定科目を記入する。

② Trial balance（試算表欄）に，各勘定の残高を記入する。

③ Adjustments（整理記入欄）に，決算整理仕訳を記入する。勘定科目は試算表の左側にあるので，金額のみを記入する。決算で新たに生じた勘定科目は追加して記入する。

④ Adjusted trial balance（決算整理後試算表欄）に，金額を書き移す。整理記入
が行われている場合，試算表欄の金額と整理記入欄の金額が同じ側にあれ
ば加算し，反対側にあれば減算する。記入が済んだら，借方合計額と貸方
合計額が一致しているかどうかを確認する。

Exercise

Q16 The following information is available regarding the accounts of Tamaki Company on 31 December 20x2.

Accounts payable	$ 3,700	Loans payable	$ 1,000
Accounts receivable	2,300	Office supplies expense	400
Accumulated depreciation	700	Rent expense	1,600
Advertising expense	800	Retained earnings	400
Cash	3,300	Salaries expense	3,200
Equipment	5,000	Share capital	4,000
Fees income	6,800		

Additional information for adjusting entries is as follows:

① All the equipment was acquired on 1 January 20x1, and depreciated by the straight-line method for 6 years with a total residual value of $800.

② $50 of interest expense for the loans payable should be accrued.

③ All the office supplies was bought duaring 20x2 and debited to the expense account. $100 of them remained unused on 31 December 20x2.

Prepare Tamaki Company's adjusted trial balance as at 31 December 20x2.

Tamaki Company

Adjusted Trial Balance

31 December 20x2

Account Title	Trial Balance		Adjustments		Adjusted Trial Balance	
	Debit	Credit	Debit	Credit	Debit	Credit
Cash						
Accounts receivable						
Equipment						
Accounts payable						
Loans payable						
Accumulated depreciation						
Share capital						
Retained earnings						
Fees Income						
Advertising expense						
Office Supplies expense						
Rent expense						
Salaries expense						
( )						
( )						
( )						
( )						
Total						

Chapter 10

Closing Entries
締切仕訳

❶ Closing Entries（締切仕訳）

(1) Closing Entries（締切仕訳）

収益と費用の勘定の借方・貸方を同額にして，勘定残高をゼロにすることを勘定の締切りといい，そのために行われる仕訳を Closing entries（締切仕訳）と呼ぶ。

(2) Closing the Income Accounts（収益勘定の締切り）

収益と費用の勘定を締め切るため，Income summary（損益）**勘定**（集合勘定。2つ以上の勘定残高を集計し，総括するための勘定）を新たに設け，ここにこれらの勘定残高を集計する。

Fees income		Interest income	
	200		10

Rent expense		Salaries expense		Utilities expense	
40		120		20	

収益・費用の各勘定残高は，上記のとおりだったとしよう。収益は貸方残高なので，以下のように仕訳して，損益勘定の貸方へ振り替える。

Dr. Fees income	200	
Interest income	10	
Cr. Income summary		210

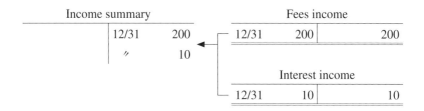

(3)　**Closing the Expense Accounts**（費用勘定の締切り）

　費用は借方残高なので，以下のように仕訳して，損益勘定の借方へ振り替える。

Dr. Income summary	180	
Cr. Rent expense		40
Salaries expense		120
Utilities expense		20

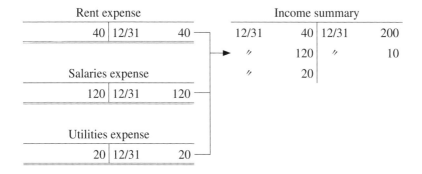

(4)　**Closing the Income Summary Account**（損益勘定の締切り）

　損益勘定へ収益・費用の勘定残高を振り替えた結果，損益勘定の借方には費用の勘定残高が，また，貸方には収益の勘定残高が集計され，その貸借差額として Profit for the year（当期利益）が示されている。当期利益は資本を増加させるので，以下のように仕訳して，**Retained earnings**（利益剰余金）**勘定**（資本）の貸方へ振り替える。

Dr. Income summary	30	
Cr. Retained earnings		30

Retained earnings				Income summary			
3/1	15	1/1	100	12/31	40	12/31	200
		12/31	30 ◀	〃	120	〃	10
				〃	20		
				12/31	30		

　資産・負債・資本はその勘定残高が次期へ繰り越されるため，収益・費用のように，残高をゼロにする必要はない。以下に示すように，決算日の日付で残高を勘定に直接記入すればよい（Bal. は Balance（残高）の略）。

Retained earnings			
3/1	15	1/1	100
		12/31	30
		12/31 Bal.	115

　なお，Chapter 7 で学んだように，利益剰余金から株主への配当が支払われる。上記の利益剰余金勘定の借方 \$15 は，3 月 1 日に配当決議を行ったときの仕訳を転記したものである。

Exercises

Questions 1 through 3 are based on the following:

The following information is available regarding the accounts of Tamashiro Company after adjusting entries on 31 December 20x2.

Accounts payable	\$ 2,200	Interest income	\$ 300
Accounts receivable	1,800	Rent expense	1,400
Cash	3,700	Retained earnings	1,600
Equipment	6,000	Salaries expense	3,100

Fees income	6,900	Share capital	5,000

Q1   Which of the following correctly shows the closing entry for interest income account?

① Dr. Income summary   300

  Cr. Interest income   300

② Dr. Interest income   300

  Cr. Income summary   300

③ Dr. Interest income   300

  Cr. Retained earnings   300

④ Dr. Retained earnings   300

  Cr. Interest income   300

⑤ No journal entry is necessary.

Q2   Which of the following correctly shows the closing entry for share capital account?

① Dr. Share capital   5,000

  Cr. Income summary   5,000

② Dr. Share capital   5,000

  Cr. Retained earnings   5,000

③ Dr. Income summary   5,000

  Cr. Share capital   5,000

④ Dr. Retained earnings   5,000

  Cr. Share capital   5,000

⑤ No Journal entry is necessary.

Q3   Calculate the amount of retained earnings after closing entries.

Q4 Regarding relationship between profit/loss and retained earnings, which of the following sentences is correct?

① Profit decreases retained earnings.

② Profit does not affect retained earnings.

③ Loss decreases retained earnings.

④ Loss does not affect retained earnings.

⑤ Loss increase retained earnings.

2 Post-Closing Trial Balance（締切後試算表）

収益・費用の勘定を締め切り，資産・負債・資本の勘定に残高を記入したら，その記入が正しく行われているかどうかを確認しなければならない。そこで，貸借対照表項目の勘定残高を集計して，**Post-closing trial balance**（締切後試算表）を作成する。その形式は Chapter 8 で学んだ試算表と同じである。

Exercises

Q5 In preparing a post-closing trial balance, determine that each balance of the following accounts should appear in either the debit or credit column. Check（✓）the right answer.

	Debit	Credit	No entry
1. Bonds payable	[　　]	[　　]	[　　]
2. Equipment	[　　]	[　　]	[　　]
3. Interest income	[　　]	[　　]	[　　]
4. Interest receivable	[　　]	[　　]	[　　]
5. Prepaid insurance expense	[　　]	[　　]	[　　]
6. Salaries expense	[　　]	[　　]	[　　]
7. Salaries payable	[　　]	[　　]	[　　]
8. Share capital	[　　]	[　　]	[　　]
9. Unearned rent income	[　　]	[　　]	[　　]

Q6   The following information is available regarding the accounts of Naka Company after adjusting entries on 31 December 20x2.

Accounts payable	$ 1,700	Rent expense	$ 1,300
Accounts receivable	3,100	Retained earnings	1,500
Cash	3,900	Salaries expense	5,100
Equipment	7,000	Share capital	10,000
Fees income	8,400	Utilities expense	1,200

Complete the following post-closing trial balance. When an entry is made in either the debit or credit column, the other should remain blank except for "Total".

Naka Company

Post-Closing Trial Balance

31 December 20x2

Cash	$ [ ]	$ [ ]
Accounts receivable	[ ]	[ ]
Equipment	[ ]	[ ]
( )	[ ]	[ ]
( )	[ ]	[ ]
( )	[ ]	[ ]
Total	$ [ ]	$ [ ]

Chapter 11

Financial Statements
財務諸表

1 Statement of Profit or Loss （純損益計算書）

一定期間の収益・費用と，その差額である当期利益を Result of operation （経営成績）といい，経営成績を明らかにするために作成される計算書を **Statement of profit or loss** （純損益計算書）という。

純損益計算書では，まず，Net sales （売上高）から Cost of sales （売上原価）を控除して，**Gross profit** （売上総利益）を計算する。次に，販売・経営管理活動に要した費用を表す Distribution costs （販売費）と Administrative expenses （管理費）を売上総利益から差し引き，さらに，固定資産売却損益などの Other income （その他の収益）・Other expenses （その他の費用）を加減して，**Operating profit** （営業利益）を算出する。ここまでが，企業本来の営業活動の成果であり，これに財務活動によって生じた収益・費用を加減して，**Profit for the year** （当期利益）を算定する。なお，受取利息などの財務活動による収益は Finance income （金融収益），また，支払利息などの財務活動による費用は Finance costs （金融費用）として表示する。

Gross profit = Net Sales − Cost of sales

Operating profit = Gross profit − Distribution costs − Administrative expenses

+ Other income − Other expenses

Profit before tax = Operating profit + Finance income − Finance costs

Profit for the year = Profit before tax − Income tax expense

(注) IAS 第 1 号「財務諸表の表示」で作成が求められているのは，Statement of profit or loss and other comprehensive income （純損益及びその他の包括利益計算書）であるが（par.10），包括利益は本書の範囲外なので省略した。なお，この名称は強制力をも

つものではなく，損益計算書など，他の計算書名を用いることもできる（BC 21,
IG 1）。

また，第 1 号では，Gross profit（売上総利益）の表示は求められていないが，わ
が国の IFRS 適用企業の多くが，これを表示している。さらに，わが国では Distri-
bution costs（販売費）と Administrative expenses（管理費）を一括して，Selling, gen-
eral and administrative expenses（販売費及び一般管理費）と表示するのが一般的であ
る（日本基準適用会社）。

Nakachi Company		企業名
Statement of Profit or Loss		計算書の名称
For the year ended 31 December 20x2		会計期間
Sales	$100,000	売上高
Cost of sales	(65,000)	売上原価
Gross profit	35,000	売上総利益
Other Income	1,000	その他の収益
Distribution costs	(12,000)	販売費
Administrative expenses	(3,500)	管理費
Other expenses	(500)	その他の費用
Operating profit	20,000	営業利益
Finance income	500	金融収益
Finance costs	(1,000)	金融費用
Profit before tax	19,500	税引前利益
Income tax expense	(6,000)	法人所得税費用
Profit for the year	$13,500	当期利益

（注）IAS 第 1 号を参考にした。「（ ）」は収益からの控除額を意味するが，「（ ）」を
　　　付けないことも認められる。

Exercise

Q1　Which of the following is（are）generally considered as selling, general and
administrative expense?

a. Advertising expense   b. Communication expense

c. Interest expense

①   a. only   ④   a. and b.

②   b. only   ⑤   b. and c.

③   c. only

Q2   The following alphabetical list of accounts is available regarding Nakamura Company's income and expenses for the year ended 31 December 20x1.

Cost of sales	$ 13,500	Sales	$ 22,000
Depreciation expense	1,200	Rent expense	1,800
Interest expense	400	Salaries expense	2,900
Interest income	300	Utilities expense	1,300

Compute the following amounts which Nakamura Company should report in its 20x1 income statement.

1. Gross profit $ [   ]

2. Operating profit $ [   ]

3. Profit for the year $ [   ]

②   Statement of Financial Position （財政状態計算書）

　一定時点における資産・負債・資本の状態を Financial position（財政状態）といい，財政状態を明らかにするために作成される計算書を **Statement of financial position**（財政状態計算書）という。

　財務状態計算書には Assets section（資産の部）と Equity and liabilities section（資本及び負債の部）を設け，資産は Current assets（流動資産）と Non-current assets（非流動資産）に，負債も Current liabilities（流動負債）と Non-current liabilities（非流動負債）に区分して表示する。

　資産と負債を流動・非流動に区分する基準には，**Normal operating cycle**

rule（正常営業循環基準）と **One-year rule**（1 年基準）の 2 つの基準がある。まず，前者を適用して流動・非流動に区分し，この基準で分類できない資産・負債については，後者を適用する。

1） Normal Operating Cycle Rule（正常営業循環基準）

正常営業循環基準とは，企業の通常の営業プロセスである「Cash（現金預金）→ Inventories（棚卸資産）→ Accounts receivable（売掛金）→ Cash（現金預金）」というサイクルにある資産・負債を流動資産・流動負債とする基準である。この基準に従えば，同じ自動車でも，ディーラーが販売用に保有する自動車は流動資産（棚卸資産）に，小売店が商品の配送用に使用する自動車は非流動資産に区分される。また，不動産業者が保有する販売用の土地・建物は，現金化するまでの期間が 1 年を超えることも多いが，上記の循環過程内にあるので，流動資産に区分される。

2） One-Year Rule（1 年基準）

貸借対照表の作成日の翌日から数えて，1 年以内に回収される資産を流動資産，1 年以内に支払われる負債を流動負債とする基準を 1 年基準という。例えば，借入金は正常営業循環の過程外にあるので 1 年基準を適用するが，返済期限が 1 年以内であれば流動負債，1 年を超えれば非流動負債に区分される。また，3 年後に返済予定の借入金は，当初，非流動負債に区分されるが，時間が経過して返済期限が 1 年を切ったときは，流動負債に振り替えなければならない。

Nishihira Company		企業名
Statement of Financial Position		計算書の名称
as at 31 December 20x2		決算日
Assets		資産の部
Non-current assets		非流動資産
Property, plant and equipment	$8,000	有形固定資産

Intangible assets	200	無形固定資産
Total non-current assets	8,200	非流動資産合計
Current assets		流動資産
Inventories	2,000	棚卸資産
Account receivable	1,500	売掛金
Other current assets	2,000	その他の流動資産
Cash	1,000	現金預金
Total current assets	6,500	流動資産合計
Total assets	$14,700	資産合計
Equity and Liabilities		資本及び負債の部
Equity		資本
Share capital	$6,000	資本金
Retained earnings	1,700	利益剰余金
Total Equity	7,700	資本合計
Non-current liabilities		非流動負債
Bonds payable	5,000	社債
Total non-current liabilities	5,000	非流動負債合計
Current liabilities		流動負債
Accounts payable	1,200	買掛金
Other payables	500	その他の流動負債
Current tax payable	300	未払法人所得税
Total current liabilities	2,000	流動負債合計
Total liabilities	7,000	負債合計
Total equity and liabilities	$14,700	資本及び負債合計

(注1) IAS 第1号を参考にした。第1号は，原則として，流動資産と非流動資産，流動負債と非流動負債を，別々の区分として表示しなければならないと規定するだけで，項目を表示する順序や様式は定めていない (par.60)。また，計算書の名称は強制力をもつものではなく，貸借対照表など，他の計算書名を用いること

もできる（BC 21, IG 1）。なお，Chapter 2 では資産と負債・資本を左右対称に表示したが，資産・資本・負債の各項目を上から下に記載する形式が一般的である。
（注 2）Property, plant and equipment（有形固定資産）は減価償却累計額控除後の金額である。

Exercises

Q3　Classify the following account titles as current assets, non-current assets, current liabilities, non-current liabilities, and equity. Select appropriate numbers from the list below.

①　Accounts payable　　　　　⑨　Office supplies

②　Accounts receivable　　　　⑩　Prepaid insurance expense

③　Bonds payable　　　　　　⑪　Retained earnings

④　Building　　　　　　　　⑫　Rent receivable

⑤　Delivery equipment　　　　⑬　Salaries payable

⑥　Dividends payable　　　　　⑭　Share capital

⑦　Inventory　　　　　　　　⑮　Unearned rent income

⑧　Machinery

1. Current assets	3. Current liabilities	5. Equity
2. Non-current assets	4. Non-current liabilities	

Q4　The following information is available regarding the accounts of Higa Company on 31 December 20x2.

Accounts payable	$ 1,640	Loans payable	2,500
Accounts receivable	2,700	Office supplies expense	$ 700
Accumulated depreciation	1,360	Purchases	21,600
Advertising expense	1,100	Rent expense	1,800
Cash	2,200	Retained earnings	1,600
Equipment	4,000	Salaries expense	1,400

| Inventory | 2,600 | Sales | 32,000 |
| Machinery | 6,000 | Share capital | 5,000 |

Additional information for adjusting entries is as follows:

① Ending inventory was $3,100. Higa Company uses a periodic inventory system.

② All the equipment was acquired on 1 January 20x1, and depreciated by the sum-of-the-years'-dight method for 4 years with a total residual value of $600.

③ All the machinery was acquired on 1 July 20x2, and depreciated by the straight-line method for 5 years with a total residual value of $500.

④ All the office supplies was bought during 20x2 and debited to the expense account. $150 of them remained unused on 31 December 20x2.

⑤ In addition to the amount of $1,400 shown above, salaries expense accrued but not paid yet was $600.

⑥ Rent expense was paid in advance for annual rent fee on 1 June 20x2.

⑦ $120 of interest expense for the loans payable should be accrued.

⑧ Income tax for the year ended 31 December 20x2 was $1,300.

(1) Prepare Higa Company's income statement for the year ended 31 December 20x2.

(2) Prepare Higa Company's balance sheet as at 31 December 20x2.

(1)   Higa Company
                              Statement of Profit or Loss
                         For the year ended 31 December 20x2

Sales	[ ]
Cost of sales	[ ]
Gross profit	[ ]
Distribution costs :	
Advertising expense	[ ]

Administrative expenses：

Depreciation expense	[ ]		
Office supplies expense	[ ]		
Salaries expense	[ ]		
Rent expense	[ ]	[ ]	
Operating profit		[ ]	

Finance costs：

Interest expense	[ ]
Profit before tax	[ ]
Income tax expense	[ ]
Profit for the year	[ ]

（2）

Higa Company

Statement of Financial Position

as at 31 December 20x2

<u>Assets</u>

Non-current assets

Property, plant and equipment：

Equipment	[ ]		
Machinery	[ ]	[ ]	
Total non-current assets		[ ]	

Current assets

Inventories		[ ]	
Account receivable		[ ]	

Other current assets：

Office supplies	[ ]		
Prepaid rent expense	[ ]	[ ]	
Cash		[ ]	
Total current assets		[ ]	
Total assets		[ ]	

<u>Equity and Liabilities</u>

Equity		
Share capital	[	]
Retained earnings	[	]
Total Equity	[	]
Non-current liabilities		
Loans payable	[	]
Total non-current liabilities	[	]
Current liabilities		
Accounts payable	[	]
Salaries payable	[	]
Interest payables	[	]
Current tax payable	[	]
Total current liabilities	[	]
Total liabilities	[	]
Total equity and liabilities	[	]

アメリカ英語とイギリス英語の違い①

  BATIC（国際会計検定）® Subject 2 の試験内容が，2015 年度より米国 GAAP から IFRS へ移行したため，BATIC® Subject 1 の試験問題でも，例えば，小切手が Check（米）から Cheque（英），普通株式が Common stock（米）から Ordinary shares（英），株主が Stockholder（米）から Shareholder（英）へと，アメリカ英語からイギリス英語へ改められた（IASB 本部はロンドンにあり，IFRS ではイギリス英語が用いられている）。

  また，勘定科目や損益計算書の表示項目も，資本金が Common stock（米）から Share capital（英），売上原価が Cost of goods sold（米）から Cost of sales（英），営業利益が Operating income（米）から Operating profit（英），当期利益が Net income（米）から Profit for the year（英）へと改められている。

Part 4

Other Subjects

その他の論点

Part 4 では，財務諸表分析，会計原則など，様々な論点を
学ぶ。やや難解な論点も含まれるが，できるだけ安易な表
現を用いて説明したつもりである。各 Chapter に関連性
はないので，どこから読んでも構わない。

Chapter 12

Financial Statement Analysis
財務諸表分析

1 Profitability and Operating Efficiency （収益性と効率性）

（1） Profitability （収益性）

1） ROA （Return on Assets, 総資産利益率）

企業の利益獲得能力を Profitability （収益性）という。収益性を分析するためには，獲得された利益の大きさではなく，効率的に利益を稼ぐ力を分析することが必要である。**ROA** （総資産利益率。または総資本利益率）は投下された Total assets （総資産＝総資本）から，どれだけ多くの Return （利益）が生み出されたかを示すもので，この比率が高いほど収益性に優れ，資本の効率がよいといえる。

ROA の計算に当たっては，Profit for the year （当期利益）ではなく，Operating profit （営業利益）を用いる方が合理的である。なぜなら，当期利益の計算には受取利息や支払利息など，企業本来の営業活動には関係のない収益・費用が含まれてしまうからである。

$$\text{ROA} = \frac{\text{Operating profit}}{\text{Total assets}} \times 100$$

2） ROE （Return on Equity, 株主資本利益率）

Shareholder （株主）の立場からは，株主が拠出した資金でどれだけの利益を獲得したかを示す **ROE** （株主資本利益率。または自己資本利益率）が重視される。ROE の計算に際しては，株主への処分可能な利益である当期利益を用いる。ROA 同様，この比率も高い方が望ましい。

$$ROE = \frac{\text{Profit fot the year}}{\text{Equity}} \times 100$$

3）　Profit Margin（当期利益率）

Profit margin（当期利益率。または Net income margin）は一定の Sales（売上高）で，どれだけの利益を稼いだかを示すもので，この比率が高いほど収益性に優れているといえる。

$$\text{Profit margin} = \frac{\text{Profit for the year}}{\text{Sales}} \times 100$$

Statement of profit or loss		Statement of financial position	
Sales	$ 50,000	Current assets	$ 25,000
Cost of sales	42,000	Non-current assets	20,000
Operating profit	6,000	Current liabilities	15,000
Profit for the year	2,000	Non-current liabilities	5,000
		Equity	25,000

＊ Current assets（流動資産）には Inventories（棚卸資産）$5,000 が含まれている。

　上記の純損益計算書と財政状態計算書から総資産利益率，株主資本利益率，当期利益率を計算すれば，以下のとおりである（小数点2桁目を四捨五入）。

$$ROA = \frac{\$6,000}{\$45,000} \times 100 = 13.3\%$$

$$ROE = \frac{\$2,000}{\$25,000} \times 100 = 8\%$$

$$\text{Profit margin} = \frac{\$2,000}{\$50,000} \times 100 = 4\%$$

（2）　**Operating Efficiency**（効率性）

1）　Total Assets Turnover（総資産回転率）

収益性を高めるためには，無駄な資産をもたず，保有する資産を効率的に使

用しなければならない。**Operating efficiency**（効率性）とは資産の利用効率をいい，効率性を分析するためには，**Total assets turnover**（総資産回転率）が用いられる。総資産回転率は総資産をいかに効率よく活用して売上高をあげたかを示すもので，回転率が高いほど資産の運用効率がよいといえる。

$$\text{Total assets turnover} = \frac{\text{Sales}}{\text{Total assets}}$$

2)　Inventory Turnover（棚卸資産回転率）

資産全体の効率性を分析した後は，個々の資産ごとの効率性を見ていくとよい。例えば，**Inventory turnover**（棚卸資産回転率）は商品がどのぐらい頻繁に売れたかを示すもので，回転率が高いほど効率的な販売ができているといえる。

$$\text{Inventory turnover} = \frac{\text{Cost of sales}}{\text{Inventory}}$$

前頁の純損益計算書と財政状態計算書から総資産回転率と棚卸資産回転率を計算すれば，以下のとおりである（小数点2桁目を四捨五入）。

$$\text{Total assets turnover} = \frac{\$50,000}{\$45,000} = 1.1 \text{ times}$$

$$\text{Inventory turnover} = \frac{\$42,000}{\$5,000} = 8.4 \text{ times}$$

Exercise

Q1　The following data are extracted from financial statements of Moriya Company.

Sales	$ 30,000	Current assets	$ 17,000
Cost of sales	22,500	Non-current assets	13,000
Operating profit	3,600	Equity	15,000
Profit for the year	1,200		

＊ Current assets include $4,500 inventory.

Calculate the following numbers.

1. ROA   [   ] %

2. ROE   [   ] %

3. Profit margin   [   ] %

4. Total assets turnover   [   ] times

5. Inventory turnover   [   ] times

2   Liquidity and Long-Term Solvency（流動性と長期的支払能力）

(1)   Liquidity（流動性）

1）   Current Ratio（流動比率）

短期的な債務支払能力を Liquidity（流動性）という。**Current ratio**（流動比率）は Current liabilities（流動負債）に対して，その支払手段となる Current assets（流動資産）をどれだけ多く保有しているかを示すもので，この比率が高いほど短期的な安全性に優れているといえる。流動資産の中には棚卸資産など，すぐに換金できない資産が含まれているので，200% 以上が一応の目安とされる。

$$\text{Current ratio} = \frac{\text{Current assets}}{\text{Current liabilities}} \times 100$$

2）   Quick Ratio（当座比率）

流動性をより厳密に分析するため，上記の計算式の分子を Quick assets（当座資産）に置き換えた **Quick ratio**（当座比率）が用いられる。当座資産とは，流動資産の中でもより流動性の高い（現金化の早い）資産をいう。具体的には，現金の他，売掛金，受取手形，市場性のある有価証券などであるが，便宜上，流動資産から棚卸資産を控除したものを当座資産とすることもある。当座比率も高いほど短期的な安全性に優れているといえる。100% 以上が一応の目安である。

$$\text{Quick ratio} = \frac{\text{Quick assets}}{\text{Current liabilities}} \times 100$$

または,

$$\text{Quick ratio} = \frac{\text{Current assets} - \text{inventory}}{\text{Current liabilities}} \times 100$$

127頁の純損益計算書と財政状態計算書から流動比率と当座比率を計算すれば,
以下のとおりである(小数点2桁目を四捨五入)。

$$\text{Current ratio} = \frac{\$25{,}000}{\$15{,}000} \times 100 = 166.7\%$$

$$\text{Quick ratio} = \frac{\$25{,}000 - \$5{,}000}{\$15{,}000} \times 100 = 133.3\%$$

(2) Long-Term Solvency(長期的支払能力)

固定負債を返済する能力をLong-term solvency(長期的支払能力)といい,
その能力はCapital structure(資本構成)の健全性によって判断される。**Debt
ratio**(負債比率)は総資産(総資本)が,どの程度,Total liabilities(負債合計)
で充当されているか示すもので,この比率が低いほど資本構成に優れ,長期的
支払能力は高いといえる。50%以下が一応の目安である。

$$\text{Debt ratio} = \frac{\text{Total liabilities}}{\text{Total assets}} \times 100$$

または,

$$\text{Debt ratio} = \frac{\text{Total liabilities}}{\text{Total liabilities} + \text{Equity}} \times 100$$

127頁の純損益計算書と財政状態計算書から負債比率を計算すれば,以下の
とおりである(小数点2桁目を四捨五入)。

$$\text{Debt ratio} = \frac{\$20{,}000}{\$45{,}000} \times 100 = 44.4\%$$

Exercises

Q2   The following data are extracted from financial statements of Yamakawa Company.

Current assets	$ 16,000	Current liabilities	$ 8,000
Non-current assets	14,000	Non-current liabilities	4,000
		Equity	18,000

∗ Current assets include $4,000 inventory.

Calculate the following numbers.

1. Current ratio   [   ] %

2. Quick ratio   [   ] %

3. Debt ratio   [   ] %

Q3   The following data are extracted from financial statements of Yonemori Company (Company Y) and Akamine Company (Company A).

	Company Y	Company A
Sales	$ 50,000	$ 60,000
Profit for the year	4,000	6,000
Current assets	30,000	45,000
Non-current assets	20,000	35,000
Current liabilities	12,000	15,000
Non-current liabilities	18,000	25,000
Equity	20,000	40,000

Regarding financial statement analysis, circle the right answers in (   ), select the appropriate numbers for ☐ from the list below, and calculate numbers for [   ].

1. Current ratio	3. Inventory turnover	5. ROA
2. Debt ratio	4. Quick ratio	6. ROE

(1) Company (Y   A   ) is more profitable, because Company Y's profit margin is [   ] % and Company A's profit margin is [   ] %.

(2) From the shareholders' view point, Company (Y   A   ) is better, because

Company Y's ☐ is [   ] % and Company A's ☐ is [   ] %.

(3) Company （ Y A ） is more able to meet short-term obligation, because Company Y's ☐ is [   ] % and Company A's ☐ is [   ] %. In order to analyze the ability to meet short-term obligation more precisely, ☐ should be calculated. However, ☐ of the above companies cannot be calculated, because the amount of inventory is unknown.

(4) Company （ Y A ） has a better financial structure for creditors, because Company Y's ☐ is [   ] % and Company A's ☐ is [   ] %.

アメリカ英語とイギリス英語の違い②

　アメリカとイギリスでは日付の表記も異なる。アメリカ英語では月→日→年の順に書き，年の前に「, 」を入れる（例：May 1, 20x1）。これに対して，イギリス英語では日→月→年の順に書き，年の前にカンマは入れない（例：1 May 20x1）。

Chapter 13

Accounting Principles
会計原則

1 Accrual Accounting（発生主義会計）

入金があったときに収益を，また，出金があったときに費用を認識する考え方を Cash accounting（現金主義会計）という。現金主義会計は入出金額に基づいた記録を行うので，客観的で確実性に富んでいる。しかし，Chapter 5 で学んだように，信用取引（掛取引）が一般化することによって，次第にその妥当性が失われてきた。そこで，収益・費用を現金収支とは関係なく，その発生という事実に基づいて認識する **Accrual accounting**（発生主義会計。または Accrual basis accounting）が用いられるようになった。

発生主義会計では現金収支とは関係なく収益・費用を認識にするので，収入であっても収益とならないもの，収入がなくても収益となるもの，支出であっても費用とならないもの，支出がなくても費用となるものが生ずる。これらの調整は，Chapter 9 で学んだように，期末に決算整理仕訳として行う。

Exercise

Q1 When a company prepares its financial statements on ☐, it will be required to adjust certain accounts at the end of its accounting period. Select the most appropriate number to fill in the above blank.

① An accrual accounting ④ A govermental accounting

② A cash accounting ⑤ A Managerial accounting

③ A cost accounting

② Generally Accepted Accounting Principles
（一般に公正妥当と認められた会計原則）

　企業がその会計を処理するに当たって従わなければならない基準，つまり，日々の会計処理を行う上で，また，財務諸表の作成に際して準拠しなければならない基準を Generally accepted accounting principles（GAAP，一般に公正妥当と認められた会計原則）という。発生主義会計のもとで，特に重要な原則は以下の2つである。

1)　Revenue Recognition Principle（収益認識の原則）

　Revenue（収益）は，顧客との契約による Performance obligation（履行義務）を充足したときに認識する（IASB，IFRS 第15号「顧客との契約から生じる収益」2014年，par.31）。例えば，商品を販売するという契約を交わした場合，商品を引き渡し，その対価として売上債権が発生した（その商品に対する支配が顧客へ移転した）ときに，履行義務は充足される。

(注) Revenue（狭義の収益）とは，Income（広義の収益。9頁参照）のうち，売上，受取手数料，受取利息などのように，企業の通常の活動の過程で生じるものである（IASB, IFRS15, Appendix A）。なお，固定資産の売却益など，Revenue 以外の Income を Gain（利得）という。

2)　Matching Principle（費用収益対応の原則）

　Expense（費用）は発生主義に基づき，財貨またはサービスを費消したときに認識する。ただし，発生した費用のすべてがその期間の費用となるわけではない。その期間に認識された収益に対応する部分（金額）が，その期間の費用となる。このような考え方を Matching principle（費用収益対応の原則）という。

　例えば，商品の仕入額のうち売上原価を費用とするのは，売上高との対応を重視するからである。また，広告宣伝費や減価償却費などの費用項目は，売上原価と売上高のような商品を媒介とした直接的な対応関係をもたないが，その期間の企業活動を通じて対応していると見なし，つまり，期間を媒介とした対応関係によって発生額が費用として処理される。

Exercises

Q2 Accounting rules which accountants should follow in recording transactions and in the preparation of financial statements are called ☐. Select the most appropriate number to fill in the above blank.

① ASBJ   ④ IASB

② FASB   ⑤ IFRS

③ GAAP

Q3 According to the matching principle, ☐ should be recognized when the associated income are recognized. Select the most appropriate number to fill in the above blank.

① Assets   ④ Income

② Equity   ⑤ Liabilities

③ Expense

Q4 Kanemoto Company purchased some kind of merchandise. It recognized cost of sales when the merchandise were purchased. This treatment is against ☐. Select the most appropriate number to fill in the above blank.

① Going concern assumption

② Historical cost principle

③ Matching principle

④ Monetary unit assumption

⑤ Revenue recognition principle

3 International Financial Reporting Standards
(国際財務報告基準)

(1) International Financial Reporting Standards （国際財務報告基準）

Chapter 1 で学んだように，会計はビジネスの言語といわれているが，企業

活動や証券市場のグローバル化・ボーダレス化など，ビジネスの国際化が進む
につれて，会計（会計基準）の国際化が求められるようになってきた。

会計基準の国際化を巡っては，従来，Harmonization（調和化。各国基準の差異
を認めつつ，できるだけ許容範囲に収める）や，Convergence（収斂。各国基準をす
りあわせ，ほぼ同一の内容とする）が推進されてきた。しかし，現在は，国際的
に統一化された会計基準（グローバル・スタンダード）を設定し，これを各国の
企業に適用させる方式が採られている。

2001 年の設立以来，**International Accounting Standards Board**（IASB，国
際会計基準審議会）が，グローバル・スタンダードの作成を担っている。IASB
が作成する高品質で理解可能な，強制力のある国際的に認められた単一の会計
基準である **International Financial Reporting Standards**（IFRS，国際財務報告
基準）は，160 の国や地域で採用されており（IASB の HP より），わが国でも
2010 年以降，その適用が認められている。

なお，IFRS の適用・非適用にかかわらず，各国には独自の会計基準設定機
関が存在する。例えば，わが国では Accounting Standards Board of Japan（ASBJ，
企業会計基準委員会）が，また，米国では Financial Accounting Standards Board
（FASB，財務会計基準審議会）が会計基準を作成している。

(2) **IFRS Foundation**（IFRS 財団）

IFRS Foundation（IFRS 財団）は，IFRS の設定主体である IASB を擁する独立
した民間の非営利組織であり，その目的は以下のとおりである（IFRS 財団「定款」
（2021 年改訂版），par.2）。

- 公益に資するよう，明確に記述された原則に基づく，高品質で理解可能な，
  執行可能な国際的に認められる一般目的財務報告のための基準を開発するこ
  と。これらの基準は，投資家および世界の資本市場の他の参加者が，経済的
  意思決定を行う上で有用な，高品質で透明性があり，比較可能な情報を提供
  することを意図している。
- IFRS 基準の利用と厳格な適用を促進すること。
- 上記の目的を達成するために，必要に応じて様々な経済環境における広範囲

の規模および種類の企業のニーズを考慮すること。

• 各国会計基準と IFRS とのコンバージェンスを通じて，IFRS の採用を推進し促進すること。

IFRS 財団は，図 1 に示すように，モニタリング・ボードが財団の評議員会を監督し，評議員会が IASB を監視するという三層構造になっている。

① **Monitoring Board**（モニタリング・ボード）

モニタリング・ボードは IFRS 財団の公的説明責任を強化するため，「評議員会と公的機関との正式な提携を提供する」ことを目的として，2009 年に設立された。評議員の任命・再任を承認するとともに，評議員会が与えられた責任を遂行しているかを監督し，助言することを職務としている。現在のボード・メンバーは証券監督者国際機構，同機構成長・新興市場委員会，欧州委員会の他，米国，日本，ブラジル，韓国，中国，英国の市場規制当局である。

② **Trustee of the IFRS Foundation**（評議員会）

評議員会は IFRS 財団のガバナンスと IASB の活動の監視を職務としている。具体的には，財団の予算承認，資金調達，IASB メンバーの任命，デュー・プロセスの設定・遵守状況の検証などを行う。そのため，評議員会メンバーはアジア・オセアニア（6名），欧州（6名），南北アメリカ（6名），アフリカ（1名），

〔図 1〕IFRS 財団の三層構造

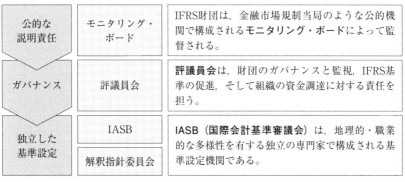

公的な 説明責任	モニタリング・ ボード	IFRS財団は，金融市場規制当局のような公的機関で構成される**モニタリング・ボード**によって監督される。
ガバナンス	評議員会	**評議員会**は，財団のガバナンスと監視，IFRS基準の促進，そして組織の資金調達に対する責任を担う。
独立した 基準設定	IASB	**IASB（国際会計基準審議会）**は，地理的・職業的な多様性を有する独立の専門家で構成される基準設定機関である。
	解釈指針委員会	

出典：「IFRS財団の構造」（https://www.ifrs.org/about-us/our-structure），IFRS®財団及び国際会計基準審議会「IFRS財団とその活動」2017年，3頁（一部修正）。

その他（3名）といった地理的バランスと，監査人，財務諸表作成者，その利用者，学識経験者など職業的背景を考慮して選出される。

　③ IASB（国際会計基準審議会）

　IASB は公開草案や IFRS の作成・公表，解釈指針の承認・公表など，専門的事項についての全責任を負っている。そのため，IASB メンバーは専門的知識と多岐にわたる国際ビジネスの実務経験を有する監査人，財務諸表作成者，その利用者，学識経験者，規制当局者から，また，地理的バランスを確保するため，アジア・オセアニア（4名），欧州（4名），南北アメリカ（4名），アフリカ（1名），その他（1名）から選出される。

　また，IFRS Interpretations Committee（IFRS 解釈指針委員会）は IFRS の適用について解釈を行い，IFRS で具体的に取り扱っていない項目について，「概念フレームワーク」の趣旨に沿った解釈指針を作成している。

　この他にも，IASB の作業に関連して，議題の決定や優先順位など，助言を与える IFRS Advisory Council（IFRS 諮問会議）や，基準設定に関する主要な論点について，各国の基準設定主体・地域団体の情報を提供する Accounting Standards Advisory Forum（ASAF，会計基準アドバイザリー・フォーラム）が IASB や IFRS 財団の活動を支えている。

（注）IFRS 財団は，2021 年に International Sustainability Standards Board（ISSB，国際サステナビリティ基準審議会）を設立した。2023 年に IFRS S1「サステナビリティ関連財務情報の開示に関する全般的要求事項」および IFRS S2「気候関連開示」が公表されたが，その詳細は割愛する。

(3)　Due Process（デュー・プロセス）

　会計基準設定のための正規の手続を Due process（デュー・プロセス）といい，IFRS 財団の「デュー・プロセス・ハンドブック」（2020 年改訂版）によれば，IFRS（解釈指針を含む。以下，同じ）を作成・公表する際に必須とされるデュー・プロセスは，以下の 6 ステップである（par.3.44）。

　① 提案を 1 つまたは複数の公開の会議で議論する。

　② 一般のコメントを求めるために，新基準の提案，基準の修正案または解釈指針の草案を公表する（最低限のコメント期間を設ける）。

③ 提案に対して受け取ったコメント・レターを適時に検討する。

④ 提案を再度公表すべきかを検討する。

⑤ ASAF および IFRS 諮問会議と，作業計画，主要プロジェクト，プロジェクト提案，作業の優先順位を協議する。

⑥ 解釈指針を IASB が批准するかどうかを公開の会議で決定する。

また，必要に応じて，①公開草案を作成する前に，ディスカッション・ペーパーのような討議文書を公表する，②協議グループや他の種類の専門家諮問グループを設置する，③公聴会を開催する，④フィールドワークを実施することもある（par.3.45）。

これらのデュー・プロセスが要求されるのは，IFRS 設定過程の透明性を高めるとともに，十分で公正な協議の機会を確保し（IFRS の影響を受ける人々の視点を国際的に配慮する），説明責任を果たすためである（par.3.1）。

(4) Present Situation of Companies that Voluntarily Adopt IFRS（IFRS 任意適用企業の現状）

わが国では 2010 年 3 月期から IFRS の任意適用が容認されたが，その時点での適用企業は僅か 1 社で，その後も増加の兆しは見られなかった。「IFRS 適用レポート」（金融庁，2015 年）によれば，2010 年 12 月末に 3 社，2011 年 12 月末も 4 社で，2012 年 12 月末に 10 社，2013 年 12 月末になってようやく 25 社に達した（2 頁）。

しかし，2014 年 6 月に閣議決定された「『日本再興戦略』改訂 2014」に，「IFRS の任意適用企業の拡大促進に努める」（78 頁）ことが盛り込まれることによって，状況は一変した。つまり，IFRS 任意適用企業の拡大促進が国の成長戦略として推進されることにより，任意適用企業数は 44 社（2014 年 6 月末）から 91 社（2015 年 6 月末）へと大幅に増加した（金融庁「会計基準を巡る最近の状況」2021 年，2 頁）。その後も任意適用企業は増え続け，2023 年 3 月末現在の IFRS 適用企業数は 273 社（上場 264 社，非上場 9 社）で，上場企業 264 社の時価総額は約 340.9 兆円（全上場企業の時価総額に占める割合は 45.5％）である（金融庁「国際会計基準への対応」2023 年，3 頁）。

〔図2〕 IFRS の適用状況

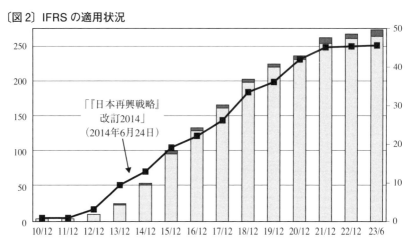

出典：金融庁「国際会計基準への対応」2023年，3頁（一部修正）。棒グラフ（左軸）はIFRS任意適用（適用予定）企業数（積上部分は非上場企業。単位：社），折線グラフ（右軸）はIFRS任意適用（適用予定）企業の時価総額の割合（単位：％）を示している。

Exercise

Q5 IFRS is set by ☐ A ☐ , and U.S. GAAP is mainly set by ☐ B ☐ . Select the most appropriate combination to fill in the above blanks.

	A	B
①	ASBJ	FASB
②	FASB	ASBJ
③	FASB	IASB
④	IASB	ASBJ
⑤	IASB	FASB

Chapter 14

Useful Financial Information
有用な財務情報

1 Useful Financial Information（有用な財務情報）

Chapter 1 で学んだように，会計の目的は，現在および潜在的な投資家，融資者およびその他の債権者が，企業への資源の提供に関する意思決定を行う際に有用な財務情報を提供することである。それでは，どのような財務情報が情報の利用者にとって有用なのだろうか。

IASB の「財務報告に関する概念フレームワーク」（2018 年改訂版）では，財務情報が有用であるためには，それは目的適合的で，かつ，表現しようとしているものを忠実に表現しなければならない。財務情報の有用性は，それが比較可能で，検証可能で，タイムリーで，理解可能であれば補強される，と述べられている（par.2.4）。

2 Qualitative Characteristics of Useful Financial Information（有用な財務情報の質的特性）

(1) Fundamental Qualitative Characteristics（基本的な質的特性）

Fundamental qualitative characteristics（基本的な質的特性）とは，財務情報が有用であるために兼ね備えなければならない特性であり，以下のいずれかが欠けた情報は，利用者の適切な意思決定に役立たない（par.2.20）。

① **Relevance**（目的適合性）

Relevance（目的適合性）とは，財務情報が利用者によって行われる意思決定に相違を生じさせることができることをいう（par.2.6）。情報に予測価値（利用者が将来の結果を予測するために使用できる），確認価値（過去の評価を確認また

は変更できる）またはそれらの両方がある場合，その情報は利用者の意思決定に相違をもたらすことができる（pars.2.7-2.9）。

② Faithful Representation（忠実な表現）

　財務情報が有用であるためには，目的適合性があるだけでなく，表現しようとしている現象を忠実に表現していなければならない。Faithful representation（忠実な表現）とは，描写が完全（利用者が理解するのに必要なすべての情報を含んでいる）で，中立的（財務情報の選択または表示に偏りがない）で，誤りや漏れがないということである（pars.2.12-2.15, 18）。

（2）　Enhancing Qualitative Characteristics（補強的な質的特性）

　Enhancing qualitative characteristics（補強的な質的特性）とは，基本的な質的特性を有する財務情報の有用性を補強する特性である（par.2.23）。したがって，可能な範囲で最大化すべきであるが，財務情報が基本的な質的特性をもたなければ，補強的な質的特性をいくら有していても，その情報を有用なものとすることはできない（par.2.37）。

① Comparability（比較可能性）

　利用者の意思決定には代替案の選択が伴う。したがって，報告企業に関する情報は，他の企業に関する類似の情報や，別の期間または別の日の同一企業に関する類似の情報と比較できる場合には，より有用である（par.2.24）。つまり，企業間比較や同一企業の期間比較が可能となる情報は，Comparability（比較可能性）をもっている。

② Verifiability（検証可能性）

　Verifiability（検証可能性）とは，知識のある別々の観察者が，ある特定の描写が忠実な表現であるという合意に達することができることをいう。検証可能性は，その情報が表示しようとしている経済現象を忠実に表現していることを利用者に確信させるのに役立つ（par.2.30）。

③ Timeliness（適時性）

　Timeliness（適時性）とは，意思決定者の決定に影響を与えることができるように適時に情報を利用可能とすることをいう（par.2.33）。

④ **Understandability**（理解可能性）

情報は分類し，特徴付けし，明瞭・簡潔に表示することにより，**Understand-ability**（理解可能性）のある情報となる（par.2.34）。財務情報は利用者にとって明快で分かりやすいものでなければならない。

(3) **The Cost Constraint on Useful Financial Reporting**（有用な財務報告に対するコストの制約）

財務報告にはコストがかかるが，それらのコストは，その情報を報告することによる便益により正当化される（par.2.39）。つまり，情報を報告することによって得られる便益は，情報の報告にかかるコストよりも大きくなければならない。

Exercises

Q1 If financial information is to be useful, it must be ☐ and faithfully represents what it purports to represent. Select the most appropriate number to fill in the above blank.

- ① Comparable
- ② Relevant
- ③ Timely
- ④ Understandable
- ⑤ Verifiable

Q2 Information about a reporting entity is more useful if it can be compared with similar information about other entities and with similar information about the same entity for another period or another date. ☐ is the qualitative characteristic that enables users to identify and understand similarities in, and differences among, items. Select the most appropriate number to fill in the above blank.

- ① Comparability
- ② Relevance
- ③ Timeliness
- ④ Understandability
- ⑤ Verifiability

Q3 Reporting financial information imposes costs, and it is important that those costs are justified by the _____ of reporting that information. Select the most appropriate number to fill in the above blank.

① Benefits   ④ Income

② Costs   ⑤ Profit

③ Expense

Answers and Explanations

解答と解説

　以下はExercise（練習問題）の和訳と解答・解説である。和訳は逐語訳ではなく，語句を追加・省略し，日本語として読みやすい訳を心がけた。また，仕訳は紙面の都合上，勘定科目と金額を左右対称に示す形式（いわゆる日本式）で記載している。

Chapter 1　What is Accounting?（会計とは？）

Q1　　☐☐☐☐のもとでは，企業はその経営活動を所有者（出資者）の活動と区別して記録する。空欄に入る最も適切な番号を選びなさい。

① 企業実体の公準 ④ 貨幣価値一定の公準
② 継続企業の公準 ⑤ 会計期間の公準
③ 貨幣的評価の公準

〈解答〉①

Q2　　以下のうち，企業は予見できる将来にわたって事業を続けるという会計公準はどれですか。

① 企業実体の公準 ④ 貨幣価値一定の公準
② 継続企業の公準 ⑤ 会計期間の公準
③ 貨幣的評価の公準

〈解答〉②

Chapter 2　Basic Concepts of Accounting（会計の基礎概念）

Q1　　以下のうち，資産に該当するものはどれですか。

① 買掛金 ④ 利益剰余金
② 売掛金 ⑤ 資本金
③ 支払手形

〈解答〉②

Q2　　以下のうち，負債に該当するものはどれですか。

① 社債 ④ 利益剰余金
② 建物 ⑤ 資本金
③ 受取手形

〈解答〉①

Q3　　資本とは企業のすべての☐ B ☐を控除した後の☐ A ☐に対する残余持分である。空欄に入る最も適切な組み合わせを選びなさい。

	A	B
①	資　産	負　債
②	資　産	純資産
③	負　債	資　産
④	負　債	純資産
⑤	純資産	資　産

〈解答〉①

Q4 以下のうち，会計等式を正しく表しているものはどれですか。
① 資産＝資本−負債　　④ 資産＋資本＝負債
② 資産＝負債−資本　　⑤ 資産＋負債＝資本
③ 資産＝負債＋資本
〈解答〉③

Q5 Akahira 社の資産は $350,000，資本は $200,000 である。同社の負債はいくらですか。
〈解答〉$150,000
〈解説〉資産 $350,000 − 資本 $200,000 ＝負債 $150,000

Q6 貸借対照表は企業の期末における[　　　]を表している。空欄に入る最も適切な番号を選びなさい。
① キャッシュ・フロー　　④ 業務予算
② 財政状態　　⑤ 経営成績
③ 製造原価
〈解答〉②

Q7 損益計算書は企業の一定期間の[　　　]を表している。空欄に入る最も適切な番号を選びなさい。
① キャッシュ・フロー　　④ 業務予算
② 財政状態　　⑤ 経営成績
③ 製造原価
〈解答〉⑤

Q8 損益計算書の別称は何ですか。
① キャッシュ・フロー計算書　　④ 試算表
② 損益計算書　　⑤ 精算表
③ 財政状態計算書
〈解答〉②

Q9 Asato 社は自動車を購入し，代金は後日支払うことにした。この取引は会計等式にどのような影響を与えますか。

	資産	負債	資本
①	減少	減少	影響なし
②	増加	減少	影響なし

③	増加	増加	増加
④	増加	増加	影響なし
⑤	影響なし	増加	増加

〈解答〉④

〈解説〉車両運搬具（資産）の増加，未払金（負債）の増加

Q10 以下の取引のうち，会計等式の資産の額に影響を与えないものはどれですか。
　　① 銀行から現金を借り入れた。
　　② 備品を購入し，代金は後日支払うことにした。
　　③ 備品を購入し，代金は現金で支払った。
　　④ 株式を発行し，現金を受け取った。
　　⑤ 債権者に現金を支払った。

〈解答〉③

〈解説〉① 現金（資産）の増加，借入金（負債）の増加
　　　　② 備品（資産）の増加，未払金（負債）の増加
　　　　③ 備品（資産）の増加，現金（資産）の減少
　　　　　　→増加と減少で，資産の額は変動しない。
　　　　④ 現金（資産）の増加，資本金（資本）の増加
　　　　⑤ 借入金（負債）の減少，現金（資産）の減少

Q11 以下の取引のうち，会計等式の負債の額を増加させるものはどれですか。
　　① 切手を購入し，代金は現金で支払った。
　　② 事務用品を購入し，代金は後日支払うことにした。
　　③ 事務用品を購入し，代金は現金で支払った。
　　④ 家賃を現金で支払った。
　　⑤ 銀行へ借入金を返済した。

〈解答〉②

〈解説〉① 通信費（費用）の発生，現金（資産）の減少
　　　　② 消耗品（資産）の増加，未払金（負債）の増加
　　　　③ 消耗品（資産）の増加，現金（資産）の減少
　　　　④ 支払家賃（費用）の発生，現金（資産）の減少
　　　　⑤ 借入金（負債）の減少，現金（資産）の減少

Q12 以下の取引のうち，会計等式の資本の額を減少させるものはどれですか。
　　① 銀行から現金を借り入れた。
　　② 機械を購入し，代金は後日支払うことにした。
　　③ 株式を発行し，現金を受け取った。

④　交通費を現金で支払った。

⑤　銀行から利息を現金で受け取った。

〈解答〉④

〈解説〉①現金（資産）の増加，借入金（負債）の増加

　　　　②機械装置（資産）の増加，未払金（負債）の増加

　　　　③現金（資産）の増加，資本金（資本）の増加

　　　　④旅費交通費（費用）の発生，現金（資産）の減少

　　　　　→費用の発生は資本の減少をもたらす。

　　　　⑤現金（資産）の増加，受取利息（収益）の発生

Q13 以下のそれぞれは，借方または貸方のどちらに記入されますか。正しい答えにチェック（✓）しなさい。

〈解答・解説〉

	借方	貸方
1. 買掛金（負債：貸方）の減少	[　✓　]	[　　　]
2. 売掛金（資産：借方）の減少	[　　　]	[　✓　]
3. 借入金（負債：貸方）の減少	[　✓　]	[　　　]
4. 利益剰余金（資本：貸方）の減少	[　✓　]	[　　　]
5. 社債（負債：貸方）の増加	[　　　]	[　✓　]
6. 受取手数料（収益：貸方）の発生	[　　　]	[　✓　]
7. 機械装置（資産：借方）の増加	[　✓　]	[　　　]
8. 資本金（資本：貸方）の増加	[　　　]	[　✓　]
9. 水道光熱費（費用：借方）の発生	[　✓　]	[　　　]

Q14 以下のうち，T勘定に記入されている取引を最も適切に記述しているものはどれですか。

備　　品	未　払　金
10,000	10,000

①　備品を購入し，代金は現金で支払った。

②　備品を購入し，代金は後日支払うことにした。

③　備品を処分した。

④　備品を返却した。

⑤　備品を使用した。

〈解答〉②

〈解説〉備品（資産）勘定の借方記入→備品の増加

　　　　未払金（負債）勘定の貸方記入→未払金の増加

Q15 以下は Arakaki 社の 4 月の現金勘定である。

		現	金	
4/4	400	4/5		100
20	500	15		300
		30		200

以下のうち，現金勘定に記入されている各取引を正しく記述しているものはどれですか。

① 4 月 4 日，Arakaki 社は買掛金 $400 を現金で支払った。
② 4 月 5 日，Arakaki 社は事務用品 $100 を購入し，代金は後日支払うことにした。
③ 4 月 15 日，Arakaki 社は商品 $300 を仕入れ，代金は現金で支払った。
④ 4 月 20 日，Arakaki 社は商品 $500 を売り渡し，代金は掛けとした。
⑤ 4 月 30 日，Arakaki 社は売掛金 $200 を現金で回収した。

〈解答〉③

Q16 Oshiro 社は 5 月中に以下の現金取引を行った。

日付	取引
5	商品 $1,000 を売り渡した。
10	商品 $900 を仕入れた。
15	売掛金 $800 を回収した。
25	給料 $700 を支払った。
30	買掛金 $600 を支払った。

5 月 1 日における Oshiro 社の現金勘定は $2,000 の借方残高だった。同社の 5 月末の現金勘定残高を求めなさい。

〈解答〉 $1,600

〈解説〉 $2,000 + $1,000 − $900 + $800 − $700 − $600 = $1,600

Chapter 3 Journalizing and Posting （仕訳と転記）

Q1 以下の手続を正しい順序に並び替えなさい。

1. 元帳への転記　　3. 財務諸表の作成
2. 仕訳　　　　　　4. 試算表の作成

① 1. → 2. → 3. → 4.　　④ 2. → 1. → 4. → 3.
② 1. → 2. → 4. → 3.　　⑤ 3. → 4. → 1. → 2.
③ 2. → 1. → 3. → 4.

〈解答〉④

Q2　Hidaka 社は 5 月中に以下の取引を行った。これらの取引を普通仕訳帳に記入し，総勘定元帳へ転記しなさい。

日付	取引
1	普通株式を額面で発行し，現金 $10,000 を受け取った。
10	$7,000 の備品を購入し，代金は現金で支払った。
20	銀行から現金 $5,000 を借り入れた。

〈解答〉

General journal　　　　　　　　　　　　　　　　　　　G1

Date	Description	P.R.	Debit	Credit
1 May	Cash	1	10,000	
	Share capital	4		10,000
10	Equipment	2	7,000	
	Cash	1		7,000
20	Cash	1	5,000	
	Loans payable	3		5,000

General ledger

Cash　　　　　　　　　　　　　　　　　　　　　　　1

Date	Explanation	Ref.	Amount	Date	Explanation	Ref.	Amount
1 May		G1	10,000	10 May		G1	7,000
20		〃	5,000				

Equipment　　　　　　　　　　　　　　　　　　　　2

Date	Explanation	Ref.	Amount	Date	Explanation	Ref.	Amount
10 May		G1	7,000				

Loans payable　　　　　　　　　　　　　　　　　　3

Date	Explanation	Ref.	Amount	Date	Explanation	Ref.	Amount
				20 May		G1	5,000

Share capital　　　　　　　　　　　　　　　　　　4

Date	Explanation	Ref.	Amount	Date	Explanation	Ref.	Amount
				1 May		G1	10,000

Chapter 4　**Financial Assets**（金融資産）

Q1　9 月 30 日における Kohathu 社の銀行勘定調整表に関する情報は，以下のとおり

である。

銀行残高	$ 5,500
銀行手数料	160
不渡小切手	110
未達現金	200
未取付小切手	90
未記帳の受取手形の回収	40

9月30日における Kohathu 社の正しい当座預金残高を求めなさい。

〈解答〉 $5,610

〈解説〉 銀行残高 $5,500 + 未達現金 $200 − 未取付小切手 $90 = $5,610

Q2　10月31日における Shimada 社の銀行勘定調整表に関する情報は，以下のとおりである。

帳簿残高	$ 6,500
銀行手数料	60
不渡小切手	170
未達現金	80
未取付小切手	130
未記帳の受取手形の回収	220

また，Shimada 社の会計担当者は当座預金口座への預入 $120 を誤って $210 と記入していた。10月31日における Shimada 社の正しい当座預金残高を求めなさい。

〈解答〉 $6,400

〈解説〉 帳簿残高 $6,500 + 未記帳の受取手形の回収 $220 − 銀行手数料 $60 − 不渡小切手 $170 − 誤記入（$210 − $120） = $6,400

Q3　20x1年12月31日における Okino 社の現金預金勘定は $10,800 の借方残高だったが，銀行から送付されてきた残高証明書上の残高は $12,500 だった。

銀行勘定調整表作成のための追加情報は，下記のとおり。

銀行手数料	$ 100
不渡小切手	1,300
未達預金	1,100
未取付小切手	2,400
未記帳の受取手形の回収	1,800

20x1年12月31日現在の銀行勘定調整表を作成しなさい。

〈解答〉

Okino Company
Bank Reconciliation
31 December 20x1

Balance per bank		$ [12,500]
Add:（Deposits in transit　　　）		[1,100]
Less:（Outstanding cheques　　　）		[2,400]
Correct bank balance		$ [11,200]
Balance per book		$ [10,800]
Add: Unrecorded notes collected by bank		[1,800]
Less:（Bank service charge　　　）	[100]	
（NSF Cheque　　　）	[1,300]	[1,400]
Correct book balance		$ [11,200]

以下の記述に基づき，問題4から7に答えなさい。

1月1日，Isa 社は $150 の小口現金資金を設けた。以下の支払いは，1月中に小口現金金庫から行われたものである。

1月8日	消耗品	$ 48
14日	郵便切手	29
26日	交通費	36

小口現金は毎月末に補給される。

Q4　小口現金は，通常，何を管理するために利用されますか。

① すべての支払い　　　　　④ 巨額の支払い
② 前払い　　　　　　　　　⑤ 少額の支払い
③ 買掛金の支払い

〈解答〉 ⑤

Q5　Isa 社は1月1日に，以下のどの仕訳を行うべきですか。

①	（借）現　　　　　金	150	（貸）小 口 現 金	150
②	（借）小 口 現 金	150	（貸）現　　　　　金	150
③	（借）小 口 現 金	150	（貸）前 払 費 用	150
④	（借）前 払 費 用	150	（貸）現　　　　　金	150
⑤	仕訳は不要			

〈解答〉 ②

Q6 Isa 社は 1 月 8 日に，以下のどの仕訳を行うべきですか。

① （借）消　耗　品　費　　　　48　　　（貸）現　　　　　　金　　　　48
② （借）消　耗　品　費　　　　48　　　（貸）小　口　現　金　　　　48
③ （借）小　口　現　金　　　　48　　　（貸）現　　　　　　金　　　　48
④ （借）小　口　現　金　　　　48　　　（貸）消　耗　品　費　　　　48
⑤ 仕訳は不要

〈解答〉⑤

〈解説〉月中の支払いは小口現金係が Petty cash book（小口現金出納帳）に記録する。Isa 社が記録するのは，月末に小口現金係からの報告を受けてからである。

Q7 Isa 社は 1 月 31 日に，以下のどの仕訳を行うべきですか。

① （借）現　　　　　　金　　　113　　　（貸）小　口　現　金　　　113
② （借）消　耗　品　費　　　　48　　　（貸）現　　　　　　金　　　113
　　　　通　　信　　費　　　　29
　　　　旅　費　交　通　費　　36
③ （借）消　耗　品　費　　　　48　　　（貸）小　口　現　金　　　113
　　　　通　　信　　費　　　　29
　　　　旅　費　交　通　費　　36
④ （借）小　口　現　金　　　113　　　（貸）現　　　　　　金　　　113
⑤ 仕訳は不要

〈解答〉②

Q8 Ishiki 社は定額資金前渡制度を採用している。以下の支払いは，8 月中に小口現金資金から行われたものである。

8 月 6 日　　消耗品　　$ 32
　　25 日　　交通費　　　29

8 月 31 日に小口現金資金には $39 残っており，小口現金係は $61 の補給を受けた。Ishiki 社が設定した小口現金資金はいくらですか。

〈解答〉$100

〈解説〉設定額：残高 $39 ＋補給額（使用高）$61 ＝ $100

Q9 Shinjo 社は買掛金を支払うため，Tokuzato 社へ手形 $4,000 を振り出した。Shinjo 社はこの手形の　 A 　であり，Tokuzato 社は　 B 　である。空欄に入る最も適切な組合せを選びなさい。

	A	B
①	債 権 者	債 務 者
②	債 務 者	作 成 者
③	作 成 者	債 務 者
④	作 成 者	受 取 人
⑤	受 取 人	作 成 者

〈解答〉④

以下の記述に基づき，問題 10 と 11 に答えなさい。

Sueyoshi 社は売掛金の回収として，Tokuhara 社から以下の手形を受け取った。

20x1 年 8 月 10 日

Tokuhara 社は本日より 60 日後に，$5,000 と利率年 9% の利息を Sueyoshi 社へ支払うことを約束します。

Tokuhara 社

Q10 Sueyoshi 社は手形の振出日に，以下のどの仕訳を行うべきですか。

①	（借）買 掛 金	5,000	（貸）支 払 手 形	5,000			
②	（借）売 掛 金	5,000	（貸）受 取 手 形	5,000			
③	（借）受 取 手 形	5,000	（貸）売 掛 金	5,000			
④	（借）受 取 手 形	5,075	（貸）売 掛 金	5,075			
⑤	（借）受 取 手 形	5,075	（貸）売 掛 金	5,000			
			受 取 利 息	75			

〈解答〉③

Q11 Sueyoshi 社は手形の満期日に，以下のどの仕訳を行うべきですか。1 年を 360 日と仮定すること。

①	（借）現 金	5,000	（貸）売 掛 金	5,000	
②	（借）現 金	5,000	（貸）受 取 手 形	5,000	
③	（借）現 金	5,075	（貸）受 取 手 形	5,075	
④	（借）現 金	5,000	（貸）受 取 手 形	4,925	
			受 取 利 息	75	
⑤	（借）現 金	5,075	（貸）受 取 手 形	5,000	
			受 取 利 息	75	

〈解答〉⑤

〈解説〉受取利息：$5,000 × 9% × 60 日 /360 日 = $75

以下の記述に基づき，問題 1 と 2 に答えなさい。

　5 月 5 日，Uehara 社は商品 $5,000 を仕入れた。同社は 5 月 5 日に代金のうち $2,000 を現金で支払い，残額は 6 月 10 日に支払った。

Q1　Uehara 社は 5 月 5 日に，以下のどの仕訳を行うべきですか。

①	（借）仕	入	3,000	（貸）買	掛	金	3,000
②	（借）仕	入	5,000	（貸）買	掛	金	5,000
③	（借）仕	入	2,000	（貸）現		金	2,000
④	（借）仕	入	3,000	（貸）現		金	3,000
⑤	（借）仕	入	5,000	（貸）現		金	2,000
				買	掛	金	3,000

〈解答〉⑤

Q2　以下のうち，Uehara 社が 6 月 10 日に行うべき仕訳を正しく記述しているものはどれですか。

① 買掛金が $3,000 減少した。　　④ 仕入が $3,000 減少した。

② 買掛金が $3,000 増加した。　　⑤ 仕入が $3,000 増加した。

③ 現金が $3,000 増加した。

〈解答〉①

〈解説〉6 月 10 日の仕訳を示せば，以下のとおりである。

　　　　（借）買　　掛　　金　　3,000　　　　（貸）現　　　　金　　3,000

Q3　6 月 10 日，Uema 社は Eguchi 社から商品 $6,000 を仕入れ，代金は掛けとした。Uema 社はその商品にいくつかの欠陥を見つけたため，6 月 15 日に Eguchi 社へ商品 $120 を返品した。Uema 社は 6 月 15 日に，以下のどの仕訳を行うべきですか。

①	（借）買	掛	金	120	（貸）現		金	120
②	（借）買	掛	金	120	（貸）仕 入 返 品			120
③	（借）仕		入	120	（貸）買	掛	金	120
④	（借）仕 入 返 品			120	（貸）買	掛	金	120
⑤	（借）仕 入 返 品			120	（貸）現		金	120

〈解答〉②

以下の記述に基づき，問題 4 と 5 に答えなさい。

　7 月 15 日，Omura 社は「支払期日は 30 日後だが，10 日以内に支払うと 4% の割引」という条件で商品 $7,000 を仕入れ，7 月 20 日に適切な金額を支払った。同社は総額法を適用している。

Q4　Omura 社は 7 月 15 日に，以下のどの仕訳を行うべきですか。

①	（借）買	掛	金	7,000	（貸）仕		入	7,000
②	（借）仕		入	6,720	（貸）買	掛	金	6,720
③	（借）仕		入	7,000	（貸）買	掛	金	7,000
④	（借）仕		入	7,000	（貸）買	掛	金	6,720
					仕 入	割	引	280
⑤	（借）仕		入	7,000	（貸）現		金	7,000

〈解答〉③

Q5　Omura 社は 7 月 20 日に，以下のどの仕訳を行うべきですか。

①	（借）買	掛	金	280	（貸）現		金	280
②	（借）買	掛	金	6,720	（貸）現		金	6,720
③	（借）買	掛	金	7,000	（貸）現		金	7,000
④	（借）買	掛	金	7,000	（貸）現		金	6,720
					仕 入	割	引	280
⑤	（借）仕 入	割	引	280	（貸）現		金	280

〈解答〉④

〈解説〉仕入割引：$7,000 × 4\% = \$280$，支払額：$\$7,000 - \$280 = \$6,720$

Q6　以下のデータに基づき，純仕入高を求めなさい。

支払運送料	$ 180	仕入値引	$ 250
運送保険料	220	仕入割引	80
仕入	25,000	仕入返品	190

〈解答〉$24,880

〈解説〉仕入 $\$25,000 +$（支払運送料 $\$180 +$ 運送保険料 $\$220$）$-$（仕入返品 $\$190$
　　　　$+$ 仕入値引 $\$250 +$ 仕入割引 $\$80$）$= \$24,880$

Q7　1 月 15 日，Kawamoto 社は商品 $4,000 を売り渡す契約を顧客と交わした。同社
　　　は 2 月 10 日に商品を引き渡し，現金 $4,000 を受け取った。Kawamoto 社は 1 月 15
　　　日に，以下のどの仕訳を行うべきですか。

①	（借）売	掛	金	4,000	（貸）売		上	4,000
②	（借）現		金	4,000	（貸）売		上	4,000
③	（借）売		上	4,000	（貸）売	掛	金	4,000
④	（借）売		上	4,000	（貸）現		金	4,000
⑤	仕訳は不要							

〈解答〉⑤

〈解説〉1 月 15 日は契約を交わしただけで，簿記上の取引には該当しない（資産・負債・

資本の増減は生じない）ので，仕訳の必要はない。

Q8　Kyan 社は商品 $5,000 を売り渡し，代金は掛けとした。以下のどの仕訳を行うべきですか。

① （借）売　　掛　　金　　　　5,000　　（貸）売　　　　　　上　　　　5,000
② （借）現　　　　　　金　　　　5,000　　（貸）売　　掛　　金　　　5,000
③ （借）現　　　　　　金　　　　5,000　　（貸）売　　　　　　上　　　　5,000
④ （借）売　　　　　　上　　　　5,000　　（貸）売　　掛　　金　　　5,000
⑤ （借）売　　　　　　上　　　　5,000　　（貸）現　　　　　　金　　　5,000

〈解答〉①

Q9　Kiyuna 社は売掛金を現金で回収した。以下のうち，正しい仕訳を示しているものはどれですか。

① 借方に売掛金を，貸方に売上を記入する。
② 借方に売掛金を，貸方に現金を記入する。
③ 借方に売上を，貸方に現金を記入する。
④ 借方に現金を，貸方に売掛金を記入する。
⑤ 借方に現金を，貸方に売上を記入する。

〈解答〉④

Q10　Kinjo 社は以下の仕訳を行った。

（借）売　上　返　品　　　　　600　　　（貸）Shimabukuro 社　　　　　600

以下のうち，上記の仕訳を最も適切に記述しているものはどれですか。

① Kinjo 社は Shimabukuro 社から商品を仕入れ，代金は掛けとした。
② Kinjo 社は先に掛けで仕入れた商品を Shimabukuro 社へ返品した。
③ Kinjo 社は Shimabukuro 社へ商品を売り渡し，代金は掛けとした。
④ Shimabukuro 社は先に掛けで仕入れた商品を Kinjo 社へ返品した。
⑤ Shimabukuro 社は先に現金で仕入れた商品を Kinjo 社へ返品した。

〈解答〉④

Q11　3 月 1 日，Kokuba 社は Taira 社へ商品 $7,000 を売り渡し，代金は掛けとした。その商品に数量不足があったため，Kokuba 社は 3 月 5 日に Taira 社へ $70 のクレジット・ノートを発行した。Kokuba 社は 3 月 5 日に，以下のどの仕訳を行うべきですか。

① （借）売　　掛　　金　　　　　70　　（貸）売　上　値　引　　　70
② （借）現　　　　　　金　　　　　70　　（貸）売　　掛　　金　　　70

③　（借）現　　　　　金　　　70　　　（貸）売　上　値　引　　　70
④　（借）売　上　値　引　　　70　　　（貸）売　　掛　　金　　　70
⑤　（借）売　上　値　引　　　70　　　（貸）現　　　　　金　　　70

〈解答〉④

以下の記述に基づき，問題 12 と 13 に答えなさい。

　4 月 10 日，Sakiyama 社は「支払期日は 30 日後だが，10 日以内に支払うと 3% の割引」という条件で，Shikina 社へ商品 $8,000 を売り渡した。Sakiyama 社は総額法を適用している。

Q12 Shikina 社がその代金を 4 月 18 日に支払う場合，いくら支払うべきですか。

〈解答〉$7,760

〈解説〉仕入割引：$8,000×3% = $240，支払額：$8,000 − $240 = $7,760

Q13 Shikina 社がその代金を 4 月 25 日に支払う場合，Sakiyama 社は以下のどの仕訳を行うべきですか。

①　（借）現　　　　　金　　7,760　　　（貸）売　　掛　　金　　7,760
②　（借）現　　　　　金　　8,000　　　（貸）売　　掛　　金　　8,000
③　（借）現　　　　　金　　8,000　　　（貸）売　　掛　　金　　7,760
　　　　　　　　　　　　　　　　　　　　　　売　上　割　引　　　240
④　（借）現　　　　　金　　8,000　　　（貸）売　　　　　上　　8,000
⑤　（借）現　　　　　金　　7,760　　　（貸）売　　掛　　金　　8,000
　　　　　売　上　割　引　　　240

〈解答〉②

〈解説〉支払期限を越えているので，売上割引は生じない。

Q14 以下のデータに基づき，純売上高を求めなさい。

| 売上 | $ 77,000 | 売上割引 | $ 2,500 |
| 売上値引 | 1,900 | 売上返品 | 1,200 |

〈解答〉$71,400

〈解説〉売上 $77,000 −（売上返品 $1,200 ＋ 売上値引 $1,900 ＋ 売上割引 $2,500）= $71,400

以下の記述に基づき，問題 15 と 16 に答えなさい。

　4 月 5 日，Kouki 社は商品 $550 を仕入れ，代金は掛けとした。同社は 4 月 20 日にその商品を $800 で売り渡し，代金は掛けとした。Kouki 社は棚卸計算法を適用している。

Q15 Kouki 社は 4 月 5 日に，以下のどの仕訳を行うべきですか。

①	（借）買　　掛　　金	550	（貸）繰　越　商　品	550
②	（借）繰　越　商　品	550	（貸）買　　掛　　金	550
③	（借）仕　　　　　入	550	（貸）買　　掛　　金	550
④	（借）仕　　　　　入	550	（貸）現　　　　　金	550
⑤	（借）仕　　　　　入	550	（貸）繰　越　商　品	550

〈解答〉③

Q16 Kouki 社は 4 月 20 日に，以下のどの仕訳を行うべきですか。

①	（借）売　　掛　　金	800	（貸）繰　越　商　品	800
②	（借）売　　掛　　金	800	（貸）仕　　　　　入	800
③	（借）売　　掛　　金	800	（貸）売　　　　　上	800
④	（借）売　　掛　　金	800	（貸）売　　　　　上	800
	売　上　原　価	550	仕　　　　　入	550
⑤	（借）売　　掛　　金	800	（貸）売　　　　　上	800
	売　上　原　価	550	繰　越　商　品	550

〈解答〉③

Q17 Uehara 社は 8 月中に以下の仕入取引を行った。

日付	取引
8	「支払期日は 30 日後だが，10 日以内に支払うと 3％の割引」という条件で，商品 $1,000 を仕入れた。
15	商品 $900 を仕入れ，代金は掛けとした。
16	8 月 8 日に購入した商品の代金全額を支払った。
23	8 月 15 日に仕入れた商品に数量不足があったため，仕入先からクレジット・ノート $60 を受け取った。
26	買掛金 $800 を現金で支払った。
30	商品 $700 を仕入れ，代金は現金で支払った。

追加情報は下記のとおり。
① 8 月 1 日の買掛金勘定残高は $2,200 だった。
② 8 月 1 日の商品棚卸高は $1,500，8 月 31 日の商品棚卸高は $1,300 だった。
③ Uehara 社は 8 月の仕入取引に関して，運送料 $100 と保険料 $200 を支払った。
同社は棚卸計算法を用いている。以下の金額を計算しなさい。
〈解答〉
1. 8 月 31 日の買掛金勘定残高　　$〔　2,240〕
2. 8 月の純仕入高　　　　　　　　$〔　2,810〕

3. 8 月の売上原価 $\quad$ $[\quad 3,010]$

〈解説〉 8 月中の取引を仕訳すれば，以下のとおりである。

8/8	(借) 仕	入	1,000	(貸) 買	掛	金	1,000
15	(借) 仕	入	900	(貸) 買	掛	金	900
16	(借) 買	掛 金	1,000	(貸) 現		金	970
				仕 入	割	引	30
23	(借) 買	掛 金	60	(貸) 仕 入 値		引	60
26	(借) 買	掛 金	800	(貸) 現		金	800
30	(借) 仕	入	700	(貸) 現		金	700

買掛金：$\$2,200 + \$1,000 + \$900 - \$1,000 - \$60 - \$800 = \$2,240$
純仕入高：$\$1,000 + \$900 + \$700 + (\$100 + \$200) - (\$30 + \$60) = \$2,810$
売上原価：$\$1,500 + \$2,810 - \$1,300 = \$3,010$

以下の記述に基づき，問題 18 と 19 に答えなさい。

　5 月 8 日，Taira 社は商品 100 個（@$6）を仕入れ，代金は掛けとした。同社は 5 月 28 日にその商品を 90 個（@$10）で売り渡し，代金は掛けとした。Taira 社は継続記録法を適用している。

Q18 Taira 社は 5 月 8 日に，以下のどの仕訳を行うべきですか。
① (借) 買　掛　金　　600　　(貸) 商　　　品　　600
② (借) 売　上　原　価　　600　　(貸) 買　掛　金　　600
③ (借) 商　　　品　　600　　(貸) 買　掛　金　　600
④ (借) 商　　　品　　600　　(貸) 仕　　　入　　600
⑤ (借) 仕　　　入　　600　　(貸) 買　掛　金　　600

〈解答〉③

Q19 Taira 社は 5 月 28 日に，以下のどの仕訳を行うべきですか。
① (借) 売　掛　金　　900　　(貸) 商　　　品　　900
② (借) 売　掛　金　　900　　(貸) 売　　　上　　900
③ (借) 売　掛　金　　900　　(貸) 売　　　上　　900
　　　　売　上　原　価　　540　　　　商　　　品　　540
④ (借) 売　掛　金　　900　　(貸) 売　　　上　　900
　　　　売　上　原　価　　540　　　　仕　　　入　　540
⑤ (借) 売　上　原　価　　900　　(貸) 売　　　上　　900

〈解答〉③

Q20 Takaesu 社は，20x2 年度に以下の商品売買取引を行った。同社は継続記録法を適用している。

日付	仕入	売上
1 月 12 日	$4,400（1,100 個 × @$4）	
2 月 11 日		$5,600（800 個 × @$7）
3 月 21 日		$2,100（300 個 × @$7）
4 月 29 日	$4,800（1,200 個 × @$4）	
7 月 20 日		$4,900（700 個 × @$7）
10 月 12 日		$4,200（600 個 × @$7）
12 月 23 日	$3,200（800 個 × @$4）	

＊期首商品棚卸高は $2,000（500 個 × @$4）だった。

（1）商品 $4,800 を仕入れ，代金は現金で支払った 4 月 29 日の取引を仕訳しなさい。

〈解答〉

Dr.（Inventory ） ［ 4,800］
 Cr.（Cash ） ［ 4,800］

（2）商品 $4,900 を売り渡し，代金は現金で受け取った 7 月 20 日の取引を仕訳しなさい。

〈解答〉

Dr.（Cash ） ［ 4,900］
 （Cost of sales ） ［ 2,800］
 Cr.（Sales ） ［ 4,900］
 （Inventory ） ［ 2,800］

〈解説〉売上原価：700 個 × @$4 = $2,800

（3）20x2 年度の財務諸表において，Takaesu 社が報告すべき以下の金額を計算しなさい。

〈解答〉

1. 売上高 ＄［ 16,800］
2. 売上原価 ＄［ 9,600］
3. 商品 ＄［ 4,800］

〈解説〉売上数：800 個 ＋ 300 個 ＋ 700 個 ＋ 600 個 = 2,400 個
　　　　売上高：2,400 個 × @$7 = $16,800
　　　　売上原価：2,400 個 × @$4 = $9,600
　　　　仕入数：1,100 個 ＋ 1,200 個 ＋ 800 個 = 3,100 個
　　　　商品：（500 ＋ 3,100 個 － 2,400 個）× @$4 = $4,800

Q21 Miyazato 社の 20x2 年 12 月 31 日における勘定残高は，以下のとおりである。

期首商品棚卸高	$ 550	仕入割引	$ 110
期末商品棚卸高	780	仕入返品	70
支払運送料	120	売上	3,500
運送保険料	90	売上値引	130
仕入	2,600	売上割引	140
仕入値引	80	売上返品	200

20x2 年度の損益計算書において，Miyazato 社が報告すべき以下の金額を計算しなさい。

〈解答〉

1. 純売上高 $ [3,030]
2. 純仕入高 $ [2,550]
3. 売上原価 $ [2,320]
4. 売上総利益 $ [710]

〈解説〉 純売上高：売上 $3,500 － (売上返品 $200 ＋ 売上値引 $130 ＋ 売上割引 $140)
= $3,030

純仕入高：仕入 $2,600 ＋ (支払運送料 $120 ＋ 運送保険料 $90)
－ (仕入返品 $70 ＋ 仕入値引 $80 ＋ 仕入割引 $110) = $2,550

売上原価：期首商品棚卸高 $550 ＋ 純仕入高 $2,550
－ 期末商品棚卸高 $780 = $2,320

売上総利益：純売上高 $3,030 － 売上原価 $2,320 = $710

Q22 Yara 社は，6 月中に以下の商品売買取引を行った。

日付	仕入	売上
7 月 1 日	$20,000 （200 個× @$100）	
5 日	$36,000 （200 個× @$180）	
10 日		$84,000 （300 個× @$280）
15 日	$34,000 （200 個× @$170）	
20 日		$48,000 （200 個× @$240）
25 日	$26,000 （200 個× @$130）	

以下の方法を用いて，売上原価と月末商品を計算しなさい。

〈解答〉

1. 先入先出法：売上原価；$73,000， 月末商品；$43,000
2. 総 平 均 法：売上原価；$72,500， 月末商品；$43,500
3. 移動平均法：売上原価；$74,000， 月末商品；$42,000

〈解説〉
1. 先入先出法
  ・月末商品 = 200 個 × @\$130 + 100 個 × @\$170 = \$43,000
  ・売上原価 = (\$20,000 + \$36,000 + \$34,000 + \$26,000) - \$43,000 = \$73,000
2. 総平均法
  ・平均単価 = $\dfrac{\$20,000 + \$36,000 + \$34,000 + \$26,000}{200\ 個 + 200\ 個 + 200\ 個 + 200\ 個}$ = \$145
  ・月末商品 = 300 個 × @\$145 = \$43,500
  ・売上原価 = (\$20,000 + \$36,000 + \$34,000 + \$26,000) - \$43,500 = \$72,500
3. 移動平均法

日付	仕入			売上（払出）			残高		
	個数	単価	金額	個数	単価	金額	個数	単価	金額
7月1日	200	\$100	\$20,000				200	\$100	\$20,000
5日	200	180	36,000				400	140	56,000
10日				300	\$140	\$42,000	100	140	14,000
15日	200	170	34,000				300	160	48,000
20日				200	160	32,000	100	160	16,000
25日	200	130	26,000				300	140	42,000

  ・月末商品：300 個 × @\$140 = \$42,000
  ・売上原価 = \$42,000 + \$32,000 = \$74,000

Chapter 6 **Non-Current Assets**（非流動資産）

以下の記述に基づき，問題 1 と 2 に答えなさい。

10 月 20 日，Munakata 社は自社で使用するため，自動車 \$50,000 を購入し，代金のうち \$20,000 を現金で支払った。11 月 20 日，同社は残額のすべてを支払った。

Q1　Munakata 社は 10 月 20 日に，以下のどの仕訳を行うべきですか。

① （借）現　　　　　金　　20,000　　（貸）車 両 運 搬 具　　50,000
　　　　未　払　金　　30,000
② （借）車 両 運 搬 具　　30,000　　（貸）未　　払　　金　　30,000
③ （借）車 両 運 搬 具　　50,000　　（貸）未　　払　　金　　50,000
④ （借）車 両 運 搬 具　　20,000　　（貸）現　　　　　金　　20,000
⑤ （借）車 両 運 搬 具　　50,000　　（貸）現　　　　　金　　20,000
　　　　　　　　　　　　　　　　　　　　未　　払　　金　　30,000

〈解答〉⑤

Q2　Munakata 社は 11 月 20 日に，以下のどの仕訳を行うべきですか。

①	（借）未　払　金	30,000		（貸）現　　　　金	30,000
②	（借）未　払　金	50,000		（貸）現　　　　金	50,000
③	（借）現　　　　金	50,000		（貸）未　払　金	50,000
④	（借）車 両 運 搬 具	30,000		（貸）現　　　　金	30,000
⑤	（借）車 両 運 搬 具	50,000		（貸）現　　　　金	50,000

〈解答〉①

Q3　Ishihara 社は自社で使用するため，機械 $60,000 を購入し，代金は後日支払うことにした。以下のどの仕訳を行うべきですか。

①	（借）未　払　金	60,000	（貸）機 械 装 置	60,000
②	（借）買　掛　金	60,000	（貸）機 械 装 置	60,000
③	（借）機 械 装 置	60,000	（貸）未　払　金	60,000
④	（借）機 械 装 置	60,000	（貸）買　掛　金	60,000
⑤	（借）機 械 装 置	60,000	（貸）現　　　　金	60,000

〈解答〉③

Q4　20x1 年 7 月 1 日，Uema 社は自社で使用するため，機械 $30,000 を購入した。購入価額に加え，機械に関して，20x1 年度に以下の支出が発生した。機械の取得原価を計算しなさい。

・支払運送費および運送保険料	$2,300
・据付組立費	1,400
・稼働前試運転費	1,200
・機械の稼働コンディションを維持するための修繕費	1,000

〈解答〉$34,900

〈解説〉取得原価：$30,000 +（$2,300 + $1,400 + $1,200）=$34,900

　　　　有形固定資産の取得原価は，それを取得し，利用可能な状態にするために支払った総額なので，機械の稼働コンディションを維持するための修繕費は取得原価に含めない（修繕費として費用処理する）。

Q5　Yamauchi 社は，以下の有形固定資産を保有している。

	取得日	取得原価	耐用年数	残存価額	減価償却方法
建物	20x1.9.1	$200,000	10 年	$20,000	定額法
備品	20x2.1.1	$40,000	4 年	$2,000	級数法
機械装置	20x2.1.1	$60,000	5 年	$4,000	2 倍定率法

（1）20x1 年度の財務諸表において，Yamauchi 社が報告すべき以下の金額を計算しな

さい。

〈解答〉
  1. 建物の減価償却費 $［   6,000］
  2. 建物の帳簿価額 $［194,000］

〈解説〉 建物の減価償却費：（$200,000 − $20,000）× 1/10 × 4ヶ月 /12ヶ月 = $6,000
         建物の帳簿価額：$200,000 − $6,000 = $194,000

（2）20x2 年度の財務諸表において，Yamauchi 社が報告すべき以下の金額を計算しなさい。

〈解答〉
  1. 減価償却費合計 $［ 57,200］
  2. 備品の帳簿価額 $［ 24,800］
  3. 減価償却累計額合計 $［ 63,200］

〈解説〉 建物の減価償却費：（$200,000 − $20,000）× 1/10 = $18,000
         備品の減価償却費：（$40,000 − $2,000）× 4/10 = $15,200
         機械装置の減価償却費：$60,000 × 2/5 = $24,000
         減価償却費合計：$18,000 + $15,200 + $24,000 = $57,200
         備品の帳簿価額：$40,000 − $15,200 = $24,800
         減価償却累計額合計：$6,000 + $57,200 = $63,200

（3）20x3 年度の財務諸表において，Yamauchi 社が報告すべき以下の金額を計算しなさい。

〈解答〉
  1. 減価償却費合計 $［ 43,800］
  2. 機械装置の帳簿価額 $［ 21,600］
  3. 減価償却累計額合計 $［107,000］

〈解説〉 建物の減価償却費：（$200,000 − $20,000）× 1/10 = $18,000
         備品の減価償却費：（$40,000 − $2,000）× 3/10 = $11,400
         機械装置の減価償却費：（$60,000 − $24,000）× 2/5 = $14,400
         減価償却費合計：$18,000 + $11,400 + $14,400 = $43,800
         機械装置の帳簿価額：$60,000 − （$24,000 + $14,400） = $21,600
         減価償却累計額合計：$63,200 + $43,800 = $107,000

Q6   20x1 年 1 月 1 日，Yoshioka 社は機械 $50,000（耐用年数 5 年，残存価額 $5,000）を購入した。同社は減価償却の方法として 2 倍定率法を適用している。Yoshioka 社は20x2 年 12 月 31 日に，この機械に対して，以下のどの仕訳を行うべきですか。

  ① （借）減 価 償 却 累 計 額   12,000   （貸）減 価 償 却 費   12,000
  ② （借）減 価 償 却 累 計 額   20,000   （貸）減 価 償 却 費   20,000

③　(借) 減 価 償 却 費　　12,000　　　(貸) 減価償却累計額　　12,000
④　(借) 減 価 償 却 費　　20,000　　　(貸) 減価償却累計額　　20,000
⑤　(借) 減 価 償 却 費　　20,000　　　(貸) 機 械 装 置　　20,000

〈解答〉③

〈解説〉20x1 年度：$50,000 × 2/5 = $20,000

20x2 年度：($50,000 − $20,000) × 2/5 = $12,000

Q7　□□□□は適用する各年度に，同額の減価償却費を配分する。空欄に入る最も適切な番号を選びなさい。
　①　直接法　　　　　　　　　④　級数法
　②　2 倍定率法　　　　　　　⑤　生産高比例法
　③　定額法

〈解答〉③

Q8　企業が資産に□□□□を適用しているとき，その資産の耐用年数の初期に，後期よりも多くの減価償却費を配分することができる。空欄に入る最も適切な番号を選びなさい。
　①　直接法　　　　　　　　　④　級数法
　②　間接法　　　　　　　　　⑤　生産高比例法
　③　定額法

〈解答〉④

Q9　20x8 年 1 月 1 日，Kamiya 社は古い備品を $5,000 で売却し，代金は現金で受け取った。備品は $50,000 で購入したもので，20x8 年 1 月 1 日現在の減価償却累計額は $31,500 である。Kamiya 社の仕訳を行いなさい。

〈解答〉

　　Dr.（Cash　　　　　　　　　）　　［ 5,000］
　　　　（Accumulated depreciation ）　　［ 31,500］
　　　　（Loss on sales of equipment）　　［ 13,500］
　　Cr.（Equipment　　　　　　　）　　　　　　　　［ 50,000］

Q10　20x5 年 1 月 1 日，Gibo 社は古い備品を $25,000 で売却した。備品は 20x1 年 1 月 1 日に $80,000 で購入したもので，耐用年数は $8,000，残存価額は 5 年である。Gibo 社は減価償却の方法として定額法を用いている。固定資産売却益（損）を計算しなさい。

〈解答〉売却益 $2,600

〈解説〉売却時の減価償却累計額：($80,000 − $8,000) × 1/5 × 4 = $57,600

売却時の帳簿価額：$80,000 − $57,600 = $22,400

固定資産売却損益：売却価額 − 売却時の帳簿価額

= $25,000 − $22,400 = $2,600（売却益）

Q11 20x1 年 1 月 1 日，Ike 社は特許権 $60,000 を取得し，代金は現金で支払った。同社は，この特許権から 15 年にわたり経済的便益を受け取ると見積もった。この特許権の法律上の権利は 20 年である。Ike 社の仕訳を行いなさい。

〈解答〉

(1) 20x1 年 1 月 1 日

Dr.（Patent　　　　　　　　　　）　［　60,000］

Cr.（Cash　　　　　　　　　　）　　　　　［　60,000］

(2) 20x1 年 12 月 31 日

Dr.（Amortization expense　　）　［　4,000］

Cr.（Patent　　　　　　　　　）　　　　　［　4,000］

〈解説〉償却額：$60,000 × 1/15 = $4,000

無形固定資産（法律上の権利）は経済的便益を受け取ることができる期間（15 年）と，法律上の権利期間（20 年）の短い期間を耐用年数として償却する。

Chapter 7　Liabilities and Equity（負債と資本）

Q1　Toguchi 社は買掛金を支払うため，Nakamura 社へ以下の手形を振り出した。

20x1 年 9 月 20 日

Toguchi 社は本日より 80 日後に，$6,000 と利率年 6% の利息を Nakamura 社へ支払うことを約束します。

Toguchi 社

Toguchi 社は満期日に手形代金を支払った。Toguchi 社の仕訳を行いなさい。1 年を 360 日と仮定すること。

〈解答〉

(1) 発行日

Dr.（Accounts payable　　　）　［　6,000］

Cr.（Notes payable　　　　　）　　　　　［　6,000］

(2) 満期日

Dr.（Notes payable　　　　　）　［　6,000］

（Interest expense　　　　）　［　　80］

Cr.（Cash　　　　　　　　　）　　　　　［　6,080］

〈解説〉支払利息：$6,000 × 6% × 80 日 /360 日 = $80

Q2 Toyozato 社は銀行から現金 $50,000 を借り入れた。以下のどの仕訳を行うべきですか。

① （借）売　掛　金　　50,000　　（貸）借　入　金　　50,000
② （借）現　　　　金　　50,000　　（貸）買　掛　金　　50,000
③ （借）現　　　　金　　50,000　　（貸）借　入　金　　50,000
④ （借）借　入　金　　50,000　　（貸）買　掛　金　　50,000
⑤ （借）借　入　金　　50,000　　（貸）現　　　　金　　50,000

〈解答〉③

Q3 20x1 年 1 月 1 日，Nikadori 社は銀行から利率年 3% で，現金 $60,000 を借り入れた。同社は 20x1 年 12 月 31 日に銀行へ利息を支払った。Nikadori 社は 20x1 年 12 月 31 日に，以下のどの仕訳を行うべきですか。

① （借）現　　　　金　　1,800　　（貸）支　払　利　息　　1,800
② （借）現　　　　金　　1,800　　（貸）受　取　利　息　　1,800
③ （借）支　払　利　息　　1,800　　（貸）現　　　　金　　1,800
④ （借）受　取　利　息　　1,800　　（貸）現　　　　金　　1,800
⑤ （借）借　入　金　　1,800　　（貸）現　　　　金　　1,800

〈解答〉③
〈解説〉支払利息：$60,000 × 3% = $1,800

Q4 Hirahara 社は借入金 $70,000 を返済した。以下の T 勘定の A と B に入る最も適切な組合せを選びなさい。

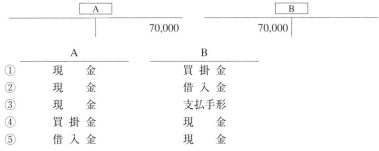

	A	B
①	現　金	買　掛　金
②	現　金	借　入　金
③	現　金	支　払　手　形
④	買　掛　金	現　　金
⑤	借　入　金	現　　金

〈解答〉②
〈解説〉仕訳を示せば，以下のとおりである。

（借）借　入　金　　70,000　　（貸）現　　　　金　　70,000

Q5 Fukunaga 社は銀行から現金 $80,000 を借り入れ，同額の手形を振り出した。以下

のどの仕訳を行うべきですか。

①	（借）現　　　　金	80,000		（貸）買　　掛　　金	80,000		
②	（借）現　　　　金	80,000		（貸）借　　入　　金	80,000		
③	（借）現　　　　金	80,000		（貸）支　払　手　形	80,000		
④	（借）借　　入　　金	80,000		（貸）現　　　　金	80,000		
⑤	（借）支　払　手　形	80,000		（貸）現　　　　金	80,000		

〈解答〉③

Q6 20x1 年 1 月 1 日，Nakama 社は額面金額 $50,000，利率年 4 ％，償還期間 3 年の社債を発行した。この社債の実効金利は 2 ％で，利息は年に一度，12 月 31 日に支払われる。社債の発行価額を求めなさい。

〈解答〉$52,884

〈解説〉$\dfrac{\$50,000}{1.02^3} + \dfrac{\$2,000}{1.02} + \dfrac{\$2,000}{1.02^2} + \dfrac{\$2,000}{1.02^3} = \$52,884$

Q7 20x1 年 1 月 1 日，Takara 社は額面金額 $50,000，利率年 2 ％，償還期間 3 年の社債を $47,226 で発行した。この社債の実効金利は 4 ％で，利息は年に一度，12 月 31 日に支払われる。以下の金額を計算しなさい。必要があれば，各金額の小数点以下を四捨五入しなさい。

〈解答〉

1. 20x1 年度の社債利息 　　　　　　　　　　　　 $〔　1,889〕
2. 20x1 年 12 月 31 日に利息として支払った金額 　 $〔　1,000〕
3. 20x1 年 12 月 31 日現在の社債の帳簿価額 　　　 $〔 48,115〕

〈解説〉

1. 20x1 年度の社債利息：$47,226×4％＝$1,889
2. 20x1 年 12 月 31 日に利息として支払った金額：$50,000×2％＝$1,000
3. 20x1 年 12 月 31 日現在の社債の帳簿価額：$47,226＋（$1,889－$1,000）＝$48,115

Q8 Ikema 社は普通株式を額面で発行し，現金 $70,000 を受け取った。以下のどの仕訳を行うべきですか。

①	（借）現　　　　金	70,000		（貸）買　　掛　　金	70,000		
②	（借）現　　　　金	70,000		（貸）借　　入　　金	70,000		
③	（借）現　　　　金	70,000		（貸）利　益　剰　余　金	70,000		
④	（借）現　　　　金	70,000		（貸）資　　本　　金	70,000		
⑤	（借）資　　本　　金	70,000		（貸）現　　　　金	70,000		

〈解答〉④

〈解説〉株式会社が一種類の株式だけを発行している場合，その株式を普通株式という。

また, 株券に金額の記載のあるものを額面株式といい (わが国では 2001 年に廃止された), 発行時の株価とは関係なく, 額面で株式を発行することを額面発行と呼ぶ。

Q9 Iha 社は普通株式を額面で発行し, 建物 $80,000 を受け取った。以下の T 勘定の
 A と B に入る最も適切な組合せを選びなさい。

A	B
80,000	80,000

	A	B
①	建　物	現　　金
②	建　物	資 本 金
③	現　　金	資 本 金
④	資 本 金	建　物
⑤	資 本 金	現　　金

〈解答〉④

〈解説〉仕訳を示せば, 以下のとおりである。

　　（借）建　　　　物　　80,000　　（貸）資　　本　　金　　80,000

Q10 20x1 年 12 月 25 日, Matsuda 社は利益余剰金からの現金配当 $10,000 を決議し, 20x2 年 1 月 20 日に配当金を支払った。Matsuda 社の仕訳を行いなさい。

〈解答〉

　(1) 20x1 年 12 月 25 日

　　Dr.（Retained earnings　　　）　　　［ 10,000］

　　　Cr.（Dividends payable　　　）　　　　　　［ 10,000］

　(2) 20x2 年 1 月 20 日

　　Dr.（Dividends payable　　　）　　　［ 10,000］

　　　Cr.（Cash　　　　　　　　）　　　　　　　［ 10,000］

Q11 20x3 年 12 月 15 日, Ishikawa 社は利益剰余金からの現金配当 $11,000 を決議し, 20x4 年 1 月 20 日に配当金を支払った。同社が 20x2 年 12 月 31 日時点で報告した利益剰余金は $33,000, 20x3 年 12 月 31 日に終了する年度の当期純利益は $22,000 だった。20x3 年 12 月 31 日における利益剰余金を求めなさい。

〈解答〉$44,000

〈解説〉$33,000 − $11,000 + $22,000 = $44,000

Chapter 8 Trial Balance（試算表）

以下の記述に基づき，問題 1 と 2 に答えなさい。

Uezu 社は以下の勘定に基づいて，試算表を作成している。

買掛金	$ 3,100	利益剰余金	$?
売掛金	3,900	給料	2,900
現金	2,800	売上	18,400
土地	15,000	資本金	16,000
仕入	13,600	水道光熱費	1,100

Q1　借方残高の合計額を求めなさい。

〈**解答**〉 $39,300

〈**解説**〉 現金 $2,800 ＋ 売掛金 $3,900 ＋ 土地 $15,000 ＋ 仕入 $13,600 ＋ 給料 $2,900
　　　　 ＋ 水道光熱費 $1,100 ＝ $39,300

Q2　すべての借方残高の合計額と，すべての貸方残高の合計額が等しい場合，利益剰余金はいくらですか。

〈**解答**〉 $1,800

〈**解説**〉 借方残高の合計額 $39,300 － 買掛金 $3,100 － 資本金 $16,000 － 売上 $18,400
　　　　 ＝ $1,800

Q3　Oshiro 社の 20x2 年 12 月 31 日における勘定残高は，以下のとおりである。

買掛金	$ 3,100	仕入	$ 16,800
売掛金	1,900	支払家賃	1,400
現金	1,700	利益剰余金	2,400
備品	20,000	給料	3,300
繰越商品	2,600	売上	23,400
支払手形	3,800	資本金	?

資本金の額を求め，試算表を完成させなさい。合計を除き，借方または貸方のいずれかに記入を行うとき，他は空白のままでよい。

〈**解答**〉

	Dr.	Cr.
Cash	$ [　1,700]	$ [　　]
Accounts receivable	[　1,900]	[　　]
Inventory	[　2,600]	[　　]

Equipment	[	20,000]	[		]
Accounts payable	[	]	[	3,100]
Notes payable	[	]	[	3,800]
Share capital	[	]	[	15,000]
Retained earnings	[	]	[	2,400]
Sales	[	]	[	23,400]
Purchases	[	16,800]	[	]
Rent expense	[	1,400]	[	]
Salaries expense	[	3,300]	[	]
Total	$[	47,700]	$[	47,700]

〈解説〉 Share capital（資本金）は借方・貸方合計の差額で求める。

Q4 Ota 社の 20x2 年 11 月 1 日における勘定残高は，以下のとおりである。

買掛金	$2,800	繰越商品	$4,600
売掛金	3,100	利益剰余金	800
現金	3,900	資本金	8,000

Ota 社は 11 月中に次の取引を行った。

日付	取引
3	商品 $1,100 を仕入れ，代金は掛けとした。
4	商品 $2,800 を売り渡し，代金は掛けとした。
5	買掛金 $1,700 を現金で支払った。
12	売掛金 $2,100 を現金で回収した。
13	商品 $2,600 を売り渡し，代金は掛けとした。
14	商品 $2,200 を仕入れ，代金は掛けとした。
25	給料 $1,800 を現金で支払った。
26	売掛金の回収として，手形 $2,400 を受け取った。
27	売掛金 $2,300 を現金で回収した。

各勘定の残高を求め，20x2 年 11 月 30 日現在の試算表を完成させなさい。合計を除き，借方または貸方のいずれかに記入を行うとき，他は空白のままでよい。

〈解答〉

	Dr.	Cr.
Cash	$[4,800]	$[ ]

Accounts receivable	[　1,700]	[　　　]
Notes receivable	[　2,400]	[　　　]
Inventory	[　4,600]	[　　　]
Accounts payable	[　　　]	[　4,400]
Share capital	[　　　]	[　8,000]
Retained earnings	[　　　]	[　　800]
Sales	[　　　]	[　5,400]
Purchases	[　3,300]	[　　　]
Salaries expense	[　1,800]	[　　　]
Total	$[　18,600]	$[　18,600]

〈解説〉上記の取引を仕訳し，転記すれば以下のとおりである。

3	（借）仕	入	1,100	（貸）買	掛	金	1,100
4	（借）売	掛	金	2,800	（貸）売	上	2,800
5	（借）買	掛	金	1,700	（貸）現	金	1,700
12	（借）現	金	2,100	（貸）売	掛	金	2,100
13	（借）売	掛	金	2,600	（貸）売	上	2,600
14	（借）仕	入	2,200	（貸）買	掛	金	2,200
25	（借）給	料	1,800	（貸）現	金	1,800
26	（借）受 取 手 形	2,400	（貸）売	掛	金	2,400
27	（借）現	金	2,300	（貸）売	掛	金	2,300

現　　金

11/1	3,900	11/5	1,700
12	2,100	25	1,800
27	2,300		

売　掛　金

11/1	3,100	11/12	2,100
4	2,800	26	2,400
13	2,600	27	2,300

受 取 手 形

11/26	2,400	

繰 越 商 品

11/1	4,600	

買　掛　金

11/5	1,700	11/1	2,800
		3	1,100
		14	2,200

資　本　金

	11/1	8,000

利益剰余金

	11/1	800

売	上		
	11/4	2,800	
	13	2,600	

仕	入		
11/3	1,100		
14	2,200		

給	料	
11/25	1,800	

Q5 Iju 社は毎月末，試算表を作成している。20x2 年 7 月 31 日の試算表は，以下のように貸借が一致していない。

	借方	貸方
現　　　　金	$ 2,600	
売　掛　金	5,500	
買　掛　金		$ 1,400
資　本　金		5,000
利 益 剰 余 金		100
売　　　　上		6,300
支 払 家 賃	1,100	
給　　　料	2,700	
水 道 光 熱 費	800	
合　　　計	$ 12,700	$ 12,800

元帳と仕訳帳を見直したところ，次の誤りが見つかった。

① 買掛金 $400 を現金で支払った際，売掛金勘定の借方に $400，現金勘定の貸方に $500 と記入していた。

② 給料 $200 を現金で支払った仕訳が，転記されていなかった。

③ 支払家賃 $300 の現金払いを水道光熱費勘定の借方に記入していた。

④ 得意先へサービス $500 を掛けで提供した際，現金勘定の借方に $600，売上勘定の貸方に $600 と記入していた。

正しい試算表を作成しなさい。

〈解答〉

	Dr.	Cr.
Cash	$ [　1,900]	
Accounts receivable	[　5,600]	
Accounts payable		$ [　1,000]

Share capital		[5,000]	
Retained earnings		[100]	
Sales		[6,200]	
Rent expense	[1,400]		
Salaries expense	[2,900]		
Utilities expense	[500]		
Total	$[12,300]	$[12,300]	

〈解説〉現金：$2,600 + ① $100 − ② $200 − ④ $600 = $1,900
売掛金：$5,500 − ① $400 + ④ $500 = $5,600
買掛金：$1,400 − ① $400 = $1,000
売上：$6,300 − ④ $100 = $6,200
支払家賃：$1,100 + ③ $300 = $1,400
給料：$2,700 + ② $200 = $2,900
水道光熱費：$800 − ③ $300 = $500

Q6 以下の間違いのうち，試算表で発見できるものはどれですか。正しい答えにチェック（✓）しなさい。

〈解答〉

	発見可能	発見不能
1. 仕訳を二度行った。	[ ]	[✓]
2. 仕訳を元帳へ転記しなかった。	[ ]	[✓]
3. 仕訳を元帳へ二度転記した。	[ ]	[✓]
4. 取引を仕訳しなかった。	[ ]	[✓]
5. 仕訳するとき，貸方の勘定科目を間違えた。	[ ]	[✓]
6. 仕訳するとき，借方の金額を間違えた。	[✓]	[ ]
7. 元帳へ転記するとき，借方の勘定科目を間違えた。	[ ]	[✓]
8. 元帳へ転記するとき，貸方の金額を間違えた。	[✓]	[ ]
9. 元帳へ転記するとき，借方の金額を記入しなかった。	[✓]	[ ]

Chapter 9 Adjusting Entries（決算整理仕訳）

Q1 Akamine 社は 20x1 年 12 月 31 日に終了する年度に，$20,000 の利益を計上した。同社は 20x1 年 12 月 31 日に法人所得税費用を認識し，20x2 年 2 月 20 日に納付した。税率は 30％である。Akamine 社の仕訳を行いなさい。

〈解答〉

(1) 20x1 年 12 月 31 日

Dr.（Income tax expense　　） 　　［　 6,000］

Cr.（Income tax payable　　） 　　　　　　［　 6,000］

(2) 20x2 年 2 月 20 日

Dr.（Income tax payable　　） 　　［　 6,000］

Cr.（Cash　　　　　　　） 　　　　　　［　 6,000］

〈解説〉法人所得税費用：$20,000×30％＝$6,000

Q2　20x1 年 8 月 1 日，Miyazato 社は 4 年間の保険契約を交わし，現金 $4,800 を支払った。20x1 年度の損益計算書において，Miyazato 社が報告すべき支払保険料はいくらですか。

〈解答〉$500

〈解説〉前払分：$4,800×43ヶ月 /48ヶ月＝$4,300

　　　当期の支払保険料：$4,800－$4,300＝$500

以下の記述に基づき，問題 3 と 4 に答えなさい。

　20x1 年 10 月 1 日，Akamine 社は事務所の賃借を始め，1 年分の家賃 $6,000 を現金で支払った。

Q3　Akamine 社は 20x1 年 10 月 1 日に，1 年分の家賃を費用勘定の借方に記入した。同社の仕訳を行いなさい。

〈解答〉

(1) 20x1 年 10 月 1 日

Dr.（Rent expense　　　　） 　　［　 6,000］

Cr.（Cash　　　　　　　） 　　　　　　［　 6,000］

(2) 20x1 年 12 月 31 日

Dr.（Prepaid rent expense　） 　　［　 4,500］

Cr.（Rent expense　　　　） 　　　　　　［　 4,500］

〈解説〉前払分：$6,000×9ヶ月 /12ヶ月＝$4,500

Q4　Akamine 社は 20x1 年 10 月 1 日に，1 年分の家賃を資産勘定の借方に記入した。同社の仕訳を行いなさい。

〈解答〉

(1) 20x1 年 10 月 1 日

Dr.（Prepaid rent expense　） 　　［　 6,000］

Cr.（Cash　　　　　　　） 　　　　　　［　 6,000］

（2）20x1 年 12 月 31 日
Dr.（Rent expense　　　　　　　）　　　［　 1,500］
Cr.（Prepaid rent expense　　　）　　　　　　　　［　 1,500］
〈解説〉当期分：$6,000 − $4,500 = $1,500

Q5　20x1 年 9 月 1 日，Arakaki 社は事務所の賃借を始めた。同日，1 年分の家賃 $7,200 を現金で支払い，費用勘定の借方に記入した。同社が再振替仕訳を行っている場合，Arakaki 社は 20x2 年 1 月 1 日に，以下のどの仕訳を行うべきですか。

① （借）前　払　家　賃　　　2,400　　　（貸）支　払　家　賃　　　2,400
② （借）前　払　家　賃　　　4,800　　　（貸）支　払　家　賃　　　4,800
③ （借）支　払　家　賃　　　2,400　　　（貸）前　払　家　賃　　　2,400
④ （借）支　払　家　賃　　　4,800　　　（貸）前　払　家　賃　　　4,800
⑤ （借）支　払　家　賃　　　7,200　　　（貸）前　払　家　賃　　　7,200

〈解答〉④
〈解説〉Arakaki 社は 20x1 年 12 月 31 日に，以下の仕訳を行っている。
（借）前　払　家　賃　　　4,800　　　（貸）支　払　家　賃　　　4,800
前払分：$7,200×8ヶ月 /12ヶ月 = $4,800

以下の記述に基づき，問題 6 と 7 に答えなさい。
　20x1 年 11 月 1 日，Ikehara 社は事務所の賃貸を始め，1 年分の家賃 $8,400 を現金で受け取った。

Q6　Ikehara 社は 20x1 年 11 月 1 日に，1 年分の家賃を収益勘定の貸方に記入した。同社の仕訳を行いなさい。なお，Ikehara 社は再振替仕訳を行っている。
〈解答〉
（1）20x1 年 11 月 1 日
Dr.（Cash　　　　　　　　　　）　　　［　 8,400］
Cr.（Rent income　　　　　　）　　　　　　　　［　 8,400］
（2）20x1 年 12 月 31 日
Dr.（Rent income　　　　　　）　　　［　 7,000］
Cr.（Unearned rent income　 ）　　　　　　　　［　 7,000］
（3）20x2 年 1 月 1 日
Dr.（Unearned rent income　 ）　　　［　 7,000］
Cr.（Rent income　　　　　　）　　　　　　　　［　 7,000］
〈解説〉前受分：$8,400×10ヶ月 /12ヶ月 = $7,000

Q7 Ikehara 社は 20x1 年 11 月 1 日に，1 年分の家賃を負債勘定の貸方に記入した。同社の仕訳を行いなさい。

〈解答〉

(1) 20x1 年 11 月 1 日

Dr.（Cash　　　　　　　）　　　［　8,400］

　　Cr.（Unearned rent income　）　　　　　　　［　8,400］

(2) 20x1 年 12 月 31 日

Dr.（Unearned rent income　）　　［　1,400］

　　Cr.（Rent income　　　　　）　　　　　　　［　1,400］

〈解説〉当期分：$8,400 - $7,000 = $1,400

Q8 20x1 年 9 月 1 日，Uechi 社は銀行から現金 $40,000 を借り入れた。8 月 31 日に利率年 3% の利息を支払い，3 年後に元本を返済する予定である。Uechi 社の仕訳を行いなさい。なお，同社は再振替仕訳を行っている。

〈解答〉

(1) 20x1 年 12 月 31 日

Dr.（Interest expense　　　）　　［　400］

　　Cr.（Interest payable　　　）　　　　　　　［　400］

(2) 20x2 年 1 月 1 日

Dr.（Interest payable　　　　）　　［　400］

　　Cr.（Interest expense　　　）　　　　　　　［　400］

(3) 20x2 年 8 月 31 日

Dr.（Interest expense　　　）　　［　1,200］

　　Cr.（Cash　　　　　　　　）　　　　　　　［　1,200］

〈解説〉未払利息：$40,000 × 3% × 4ヶ月 /12ヶ月 = $400

Q9 20x2 年 1 月 25 日，Shimoji 社は 20x1 年 12 月 21 日から 20x2 年 1 月 20 日までの給料 $6,000 を従業員に支給した。20x1 年 12 月 21 日から同年 12 月 31 日までの給料は $2,000 である。同社の仕訳を行いなさい。なお，Shimoji 社は再振替仕訳を行っている。

〈解答〉

(1) 20x1 年 12 月 31 日

Dr.（Salaries expense　　　）　　［　2,000］

　　Cr.（Salaries payable　　　）　　　　　　　［　2,000］

(2) 20x2 年 1 月 1 日

Dr.（Salaries payable　　　）　　［　2,000］

　　Cr.（Salaries expense　　　）　　　　　　　［　2,000］

(3) 20x2 年 1 月 25 日

Dr.（Salaries expense　　　　）　　［　6,000］

Cr.（Cash　　　　　　　　　）　　　　　　［　6,000］

以下の記述に基づき，問題 10 から 12 に答えなさい。

　20x1 年 11 月 1 日，Urasaki 社は Oshiro 社に現金 $50,000 を貸し付けた。10 月 31 日に利率年 3% の利息を受け取り，20x4 年 10 月 31 日に元本の返済を受ける予定である。

Q10 20x1 年度の損益計算書において，Urasaki 社が報告すべき受取利息はいくらですか。

〈**解答**〉$250

〈**解説**〉未収利息：$50,000 × 3% × 2ヶ月 /12ヶ月 ＝ $250

Q11 Urasaki 社は 20x1 年 12 月 31 日に，正しい決算整理仕訳を行った。この仕訳は資産，負債，資本にどのような影響を与えますか。

	資産	負債	資本
①	減少	減少	影響なし
②	増加	増加	影響なし
③	増加	影響なし	増加
④	影響なし	増加	増加
⑤	影響なし	減少	減少

〈**解答**〉③

〈**解説**〉20x1 年 12 月 31 日に行った仕訳を示せば，以下のとおりである。

　　（借）未 収 利 息　　　　250　　（貸）受 取 利 息　　　　250

Q12 Urasaki 社が再振替仕訳を行っている場合，同社は 20x2 年 1 月 1 日に，以下のどの仕訳を行うべきですか。

①	（借）受 取 利 息	250	（貸）未 収 利 息	250
②	（借）受 取 利 息	1,250	（貸）未 収 利 息	1,250
③	（借）未 収 利 息	250	（貸）受 取 利 息	250
④	（借）未 収 利 息	1,250	（貸）受 取 利 息	1,250
⑤	（借）前 受 利 息	250	（貸）受 取 利 息	250

〈**解答**〉①

Q13 20x1 年 2 月 1 日，Kamizato 社は消耗品 $3,000 を購入し，代金は現金で支払った。消耗品は 20x1 年 12 月 31 日に $1,100 が未使用のままだった。20x1 年度の損益計算書において，Kamizato 社が報告すべき消耗品費はいくらですか。

〈解答〉$1,900

〈解答〉消耗品費：購入高 $3,000 − 未使用高 $1,100 = $1,900

Q14 20x1 年 3 月 1 日，Kurogi 社は代金後払いで消耗品 $2,500 を購入し，資産勘定の借方に記入した。消耗品は 20x1 年 12 月 31 日に $800 が未使用のままだった。Kurogi 社の仕訳を行いなさい。

〈解答〉
(1) 20x1 年 3 月 1 日
   Dr. (Office supplies   )   〔   2,500〕
      Cr. (Accounts payable   )   〔   2,500〕
(2) 20x1 年 12 月 31 日
   Dr. (Office supplies expense   )   〔   1,700〕
      Cr. (Office supplies   )   〔   1,700〕

〈解説〉消耗品費：購入高 $2,500 − 未使用高 $800 = $1,700

Q15 20x1 年 4 月 1 日，Kohagura 社は代金後払いで消耗品 $2,800 を購入し，費用勘定の借方に記入した。消耗品は 20x1 年 12 月 31 日に $900 が未使用のままだった。Kohagura 社の仕訳を行いなさい。なお，同社は再振替仕訳を行っている。

〈解答〉
(1) 20x1 年 4 月 1 日
   Dr. (Office supplies expense   )   〔   2,800〕
      Cr. (Accounts payable   )   〔   2,800〕
(2) 20x1 年 12 月 31 日
   Dr. (Office supplies   )   〔   900〕
      Cr. (Office supplies expense)   〔   900〕
(3) 20x2 年 1 月 1 日
   Dr. (Office supplies expense   )   〔   900〕
      Cr. (Office supplies   )   〔   900〕

Q16 Tamaki 社の 20x2 年 12 月 31 日における勘定残高は，以下のとおりである。

買掛金	$ 3,700	借入金	$ 1,000
売掛金	2,300	消耗品費	400
減価償却累計額	700	支払家賃	1,600
広告宣伝費	800	利益剰余金	400
現金	3,300	給料	3,200
備品	5,000	資本金	4,000
受取手数料	6,800		

決算整理事項は，下記のとおり。

① すべての備品は20x1年1月1日に取得したもので，定額法（耐用年数6年，残存価額$800）による減価償却を行っている。

② 借入金に対する利息が$50発生している。

③ すべての消耗品は20x2年度に購入したもので，費用勘定の借方に記入されている。20x2年12月31日に消耗品$100が未使用のままだった。

20x2年12月31日現在の決算整理後試算表を作成しなさい。

〈解答〉

Tamaki Company
Adjusted Trial Balance
31 December 20x2

Account Title	Trial Balance		Adjustments		Adjusted Trial Balance	
	Debit	Credit	Debit	Credit	Debit	Credit
Cash	3,300				3,300	
Accounts receivable	2,300				2,300	
Equipment	5,000				5,000	
Accounts payable		3,700				3,700
Loans payable		1,000				1,000
Accumulated depreciation		700		700		1,400
Share capital		4,000				4,000
Retained earnings		400				400
Fees income		6,800				6,800
Advertising expense	800				800	
Office supplies expense	400			100	300	
Rent expense	1,600				1,600	
Salaries expense	3,200				3,200	
（Depreciation expense　　）			700		700	
（Interest expense　　）			50		50	
（Interest payable　　）				50		50
（Office supplies　　）			100		100	
Total	16,600	16,600	850	850	17,350	17,350

〈解説〉決算整理仕訳を示せば，以下のとおりである。

（借）減 価 償 却 費　　700　　　（貸）減価償却累計額　　700
（借）支 払 利 息　　50　　　（貸）未 払 利 息　　50
（借）消　　耗　　品　　100　　　（貸）消　耗　品　費　　100

減価償却費：（$5,000 - $800）× 1/6 = $700

Chapter 10 Closing Entries（締切仕訳）

以下の記述に基づき，問題 1 から 3 に答えなさい。

　Tamashiro 社の 20x2 年 12 月 31 日における決算整理後の勘定残高は，以下のとおりである。

買掛金	$ 2,200	受取利息	$ 300
売掛金	1,800	支払家賃	1,400
現金	3,700	利益剰余金	1,600
備品	6,000	給料	3,100
受取手数料	6,900	資本金	5,000

Q1 受取利息勘定の締切仕訳を正しく表しているのはどれですか。

① （借）損　　　　益　　300　　（貸）受　取　利　息　　300
② （借）受　取　利　息　　300　　（貸）損　　　　益　　300
③ （借）受　取　利　息　　300　　（貸）利　益　剰　余　金　　300
④ （借）利　益　剰　余　金　　300　　（貸）受　取　利　息　　300
⑤ 仕訳は不要

〈解答〉②

Q2 資本金勘定の締切仕訳を正しく表しているのはどれですか。

① （借）資　　本　　金　　5,000　　（貸）損　　　　益　　5,000
② （借）資　　本　　金　　5,000　　（貸）利　益　剰　余　金　　5,000
③ （借）損　　　　益　　5,000　　（貸）資　　本　　金　　5,000
④ （借）利　益　剰　余　金　　5,000　　（貸）資　　本　　金　　5,000
⑤ 仕訳は不要

〈解答〉⑤

Q3 締切仕訳後の利益剰余金の額を求めなさい。

〈解答〉$4,300

〈解説〉利益：受取手数料 $6,900 ＋受取利息 $300 －支払家賃 $1,400 －給料 $3,100
　　　　　　＝$2,700
　　　　利益剰余金：$1,600 ＋$2,700 ＝$4,300

Q4 利益（損失）と利益剰余金の関係について書かれた以下の文章のうち，正しいものはどれですか。

① 利益は利益剰余金を減少させる。
② 利益は利益剰余金に影響しない。

③ 損失は利益剰余金を減少させる。
④ 損失は利益剰余金に影響しない。
⑤ 損失は利益剰余金を増加させる。
〈解答〉③

Q5 締切後試算表を作成するに当たり，以下の勘定残高は借方または貸方のどちらに計上されますか。正しい答えにチェック（✓）しなさい。
〈解答〉

	借方	貸方	非計上
1. 社債	[　　　]	[　✓　]	[　　　]
2. 備品	[　✓　]	[　　　]	[　　　]
3. 受取利息	[　　　]	[　　　]	[　✓　]
4. 未収利息	[　✓　]	[　　　]	[　　　]
5. 前払保険料	[　✓　]	[　　　]	[　　　]
6. 給料	[　　　]	[　　　]	[　✓　]
7. 未払給料	[　　　]	[　✓　]	[　　　]
8. 資本金	[　　　]	[　✓　]	[　　　]
9. 前受家賃	[　　　]	[　✓　]	[　　　]

〈**解説**〉締切後試算表に計上されるのは，貸借対照表項目のみである。

Q6 Naka 社の 20x2 年 12 月 31 日における決算整理後の勘定残高は，以下のとおりである。

買掛金	$ 1,700	支払家賃	$ 1,300
売掛金	3,100	利益剰余金	1,500
現金	3,900	給料	5,100
備品	7,000	資本金	10,000
受取手数料	8,400	水道光熱費	1,200

締切後試算表を完成させなさい。合計を除き，借方または貸方に記入するとき，反対側は空白のままでよい。
〈解答〉

Naka Company

Post-Closing Trial Balance

31 December 20x2

Cash	$ [　3,900]	$ [　　　]
Accounts receivable	[　3,100]	[　　　]

Equipment		[7,000]	[	]
（Accounts payable	）	[ ]	[1,700]	
（Share capital	）	[ ]	[10,000]	
（Retained earnings	）	[ ]	[2,300]	
Total		$ [14,000]	$ [14,000]	

〈解説〉当期利益：受取手数料 $8,400 − 支払家賃 $1,300 − 給料 $5,100 − 水道光熱費 $1,200
= $800

利益剰余金：$1,500 + $800 = $2,300

Chapter 11　Financial Statements（財務諸表）

Q1　以下のうち，販売費及び一般管理費と考えられるものはどれですか。

a. 広告宣伝費　　b. 通信費　　c. 支払利息

① a. のみ　　　　　　　　　　④ a. と b.
② b. のみ　　　　　　　　　　⑤ b. と c.
③ c. のみ

〈解答〉④

Q2　以下は，Nakamura 社の 20x1 年度の収益と費用の諸勘定をアルファベット順に並べたものである。

売上原価	$ 13,500	売上	$ 22,000
減価償却費	1,200	支払家賃	1,800
支払利息	400	給料	2,900
受取利息	300	水道光熱費	1,300

20x1 年度の損益計算書において，Nakamura 社が報告すべき以下の金額を計算しなさい。

〈解答〉

1. 売上総利益　$ [8,500]
2. 営業利益　　$ [1,300]
3. 当期利益　　$ [1,200]

〈解説〉売上総利益：売上 $22,000 − 売上原価 $13,500 = $8,500

営業利益：売上総利益 $8,500 −（減価償却費 $1,200 + 支払家賃 $1,800
+ 給料 $2,900 + 水道光熱費 $1,300）= $1,300

当期利益：営業利益 $1,300 + 受取利息 $300 − 支払利息 $400 = $1,200

Q3 以下の勘定を流動資産，非流動資産，流動負債，非流動負債，資本に分類しなさい。下記のリストから適切な番号を選ぶこと。

① 買掛金　　　　⑥ 未払配当金　　　⑪ 利益剰余金
② 売掛金　　　　⑦ 棚卸資産　　　　⑫ 未収家賃
③ 社債　　　　　⑧ 機械装置　　　　⑬ 未払給料
④ 建物　　　　　⑨ 消耗品　　　　　⑭ 資本金
⑤ 車両運搬具　　⑩ 前払保険料　　　⑮ 前受家賃

1. 流動資産	2. 非流動資産	3. 流動負債	4. 非流動負債	5. 資本

〈解答〉

①	3.	②	1.	③	4.	④	2.	⑤	2.	⑥	3.
⑦	1.	⑧	2.	⑨	1.	⑩	1.	⑪	5.	⑫	1.
⑬	3.	⑭	5.	⑮	3.						

Q4 Higa 社の 20x2 年 12 月 31 日における勘定残高は，以下のとおりである。

買掛金	$ 1,640	借入金	2,500
売掛金	2,700	消耗品費	$ 700
減価償却累計額	1,360	仕入	21,600
広告宣伝費	1,100	支払家賃	1,800
現金	2,200	利益剰余金	1,600
備品	4,000	給料	1,400
繰越商品	2,600	売上	32,000
機械装置	6,000	資本金	5,000

決算整理事項は，下記のとおり。

① 期末商品棚卸高は $3,100 である。同社は棚卸計算法を適用している。
② すべての備品は 20x1 年 1 月 1 日に取得したもので，級数法（耐用年数 4 年，残存価額 $600）による減価償却を行っている。
③ すべての機械装置は 20x2 年 7 月 1 日に取得したもので，定額法（耐用年数 5 年，残存価額 $500）による減価償却を行う。
④ すべての消耗品は 20x2 年度に購入したもので，費用勘定の借方に記入されている。20x2 年 12 月 31 日に消耗品 $150 が未使用のままだった。
⑤ 上記の $2,500 の他に，給料が $600 発生しているが，まだ支払われていない。
⑥ 支払家賃は，20x2 年 6 月 1 日に 1 年分を前払いしたものである。
⑦ 借入金に対する利息が $120 発生している。
⑧ 20x2 年度の法人所得税は $1,300 だった。

（1）20x2 年度の損益計算書を作成しなさい。

（2）20x2 年 12 月 31 日現在の貸借対照表を作成しなさい。

〈解答〉

（1）

Higa Company

Statement of Profit or Loss

For the year ended 31 December 20x2

Sales		[　32,000]
Cost of sales		[　21,100]
Gross profit		[　10,900]
Distribution costs：		
Advertising expense		[　　1,100]
Administrative expenses：		
Depreciation expense	[　1,570]	
Office supplies expense	[　　550]	
Salaries expense	[　2,000]	
Rent expense	[　1,050]	[　5,170]
Operating profit		[　4,630]
Finance costs：		
Interest expense		[　　120]
Profit before tax		[　4,510]
Income tax expense		[　1,300]
Profit for the year		[　3,210]

（2）

Higa Company

Statement of Financial Position

as at 31 December 20x2

Assets

Non-current assets		
Property, plant and equipment：		
Equipment	[　1,620]	
Machinery	[　5,450]	[　7,070]
Total non-current assets		[　7,070]
Current assets		
Inventories		[　3,100]
Account receivable		[　2,700]

Other current assets：

Office supplies	[	150]	
Prepaid rent expense	[	750]	[900]
Cash			[2,200]
Total current assets			[8,900]
Total assets			[15,970]

Equity and Liabilities

Equity	
Share capital	[5,000]
Retained earnings	[4,810]
Total Equity	[9,810]
Non-current liabilities	
Loans payable	[2,500]
Total non-current liabilities	[2,500]
Current liabilities	
Accounts payable	[1,640]
Salaries payable	[600]
Interest payables	[120]
Current tax payable	[1,300]
Total current liabilities	[3,660]
Total liabilities	[6,160]
Total equity and liabilities	[15,970]

〈解説〉決算整理仕訳を示せば，以下のとおりである。

①	(借) 売 上 原 価	24,200	(貸) 繰 越 商 品	2,600
			仕　　入	21,600
	(借) 繰 越 商 品	3,100	(貸) 売 上 原 価	3,100
②	(借) 減 価 償 却 費	1,020	(貸) 減価償却累計額	1,020
③	(借) 減 価 償 却 費	550	(貸) 減価償却累計額	550
④	(借) 消 耗 品	150	(貸) 消 耗 品 費	150
⑤	(借) 給 料	600	(貸) 未 払 給 料	600
⑥	(借) 前 払 家 賃	750	(貸) 支 払 家 賃	750
⑦	(借) 支 払 利 息	120	(貸) 未 払 利 息	120
⑧	(借) 法人所得税費用	1,300	(貸) 未払法人所得税	1,300

備品の減価償却費：($4,000 − $600) × 3/10 = $1,020

備品：$4,000 − ($1,360 + $1,020) = $1,620

機械装置の減価償却費：($6,000 − $500) × 1/5 × 6ヶ月 /12ヶ月 = $550

機械装置：$6,000 − $550 = $5,450

前払家賃：$1,800 × 5ヶ月 /12ヶ月 = $750

利益剰余金：利益剰余金 $1,600 + 当期利益 $3,210 = $4,810

Chapter 12　Financial Statement Analysis （財務諸表分析）

Q1　以下のデータは，Moriya 社の財務諸表から抜粋したものである。

売上高	$ 30,000	流動資産	$ 17,000
売上原価	22,500	非流動資産	13,000
営業利益	3,600	資本	15,000
当期利益	1,200		

＊流動資産には棚卸資産 $4,500 が含まれている。

以下の比率を計算しなさい。

〈解答〉

1. 総資産利益率　　　 [　　12] ％
2. 株主資本利益率　　 [　　 8] ％
3. 当期利益率　　　　 [　　 4] ％
4. 総資産回転率　　　 [　　 1] 回
5. 棚卸資産回転率　　 [　　 5] 回

〈解説〉

1. 総資産利益率 $= \dfrac{営業利益}{総資産} \times 100 = \dfrac{\$3,600}{\$17,000 + \$13,000} \times 100 = 12\%$

2. 株主資本利益率 $= \dfrac{当期利益}{資本} \times 100 = \dfrac{\$1,200}{\$15,000} \times 100 = 8\%$

3. 当期利益率 $= \dfrac{当期利益}{売上高} \times 100 = \dfrac{\$1,200}{\$30,000} \times 100 = 4\%$

4. 総資産回転率 $= \dfrac{売上高}{総資産} = \dfrac{\$30,000}{\$17,000 + \$13,000} = 1$ 回

5. 棚卸資産回転率 $= \dfrac{売上原価}{棚卸資産} = \dfrac{\$22,500}{\$4,500} = 5$ 回

Q2 以下のデータは，Yamakawa 社の財務諸表から抜粋したものである。

流動資産	$ 16,000	流動負債	$ 8,000
非流動資産	14,000	非流動負債	4,000
		資本	18,000

＊流動資産には棚卸資産 $4,000 が含まれている。

以下の比率を計算しなさい。

〈解答〉

1. 流動比率 ［ 200］%
2. 当座比率 ［ 150］%
3. 負債比率 ［ 40］%

〈解説〉

1. 流動比率 $= \dfrac{\text{流動資産}}{\text{流動負債}} \times 100 = \dfrac{\$16,000}{\$8,000} \times 100 = 200\%$

2. 当座比率 $= \dfrac{\text{流動資産} - \text{棚卸資産}}{\text{流動負債}} \times 100 = \dfrac{\$16,000 - \$4,000}{\$8,000} \times 100 = 150\%$

3. 負債比率 $= \dfrac{\text{負債合計}}{\text{総資産}} \times 100 = \dfrac{\$8,000 + \$4,000}{\$16,000 + \$14,000} \times 100 = 40\%$

Q3 以下のデータは，Yonemori 社（Y 社）と Akamine 社（A 社）の財務諸表から抜粋したものである。

	Y 社	A 社
売上高	$ 50,000	$ 60,000
当期利益	4,000	6,000
流動資産	30,000	45,000
非流動資産	20,000	35,000
流動負債	12,000	15,000
非流動負債	18,000	25,000
資本	20,000	40,000

（　　）内の正しい答えを丸で囲み，以下のリストから□□□に入る適切な番号を選び，［　　　］を計算しなさい。

1. 流動比率	3. 棚卸資産回転率	5. 総資産利益率
2. 負債比率	4. 当座比率	6. 株主資本利益率

〈解答〉

(1) （ Y Ⓐ ）社の方が収益性は高い。なぜなら，Y 社の当期利益率は ［ 8 ］% で，A 社の当期利益率は ［ 10 ］% だからである。

(2) 株主の立場からは，（ ⓨ A ）社の方がよい。なぜなら，Y社の [6] は
[20]％で，A社の [6] は [15]％だからである。

(3) （ Y Ⓐ ）社の方が短期債務の支払能力は高い。なぜなら，Y社の [1] は
[250]％で，A社の [1] は [300]％だからである。短期債務の支払
能力をより厳密に分析するためには， [4] を計算すべきであるが，棚卸資産
の金額が分からないので，上記企業の [4] を計算することはできない。

(4) （ Y Ⓐ ）社の方が資本構成はよい。なぜなら，Y社の [2] は [60]％で，
A社の [2] は [50]％だからである。

〈解説〉

- 当期利益率

Y 社： $\dfrac{\$4,000}{\$50,000} \times 100 = 8\%$ A 社： $\dfrac{\$6,000}{\$60,000} \times 100 = 10\%$

- 株主資本利益率

Y 社： $\dfrac{\$4,000}{\$20,000} \times 100 = 20\%$ A 社： $\dfrac{\$6,000}{\$40,000} \times 100 = 15\%$

- 流動比率

Y 社： $\dfrac{\$30,000}{\$12,000} \times 100 = 250\%$ A 社： $\dfrac{\$45,000}{\$15,000} \times 100 = 300\%$

- 負債比率

Y 社： $\dfrac{\$12,000 + \$18,000}{\$30,000 + \$20,000} \times 100 = 60\%$ A 社： $\dfrac{\$15,000 + \$25,000}{\$45,000 + \$35,000} \times 100 = 50\%$

Chapter 13　Accounting Principles（会計原則）

Q1　企業が財務諸表を [ ] に基づいて作成するとき，いくつかの勘定の決算整理
が要求される。空欄に入る最も適切な番号を選びなさい。

① 発生主義会計　　　　④ 官庁会計
② 現金主義会計　　　　⑤ 管理会計
③ 原価計算

〈解答〉 ①

Q2　取引を記録するときや，財務諸表を作成するときに従わなければならない会計の
ルールを [ ] という。空欄に入る最も適切な番号を選びなさい。

① ASBJ　　　　④ IASB
② FASB　　　　⑤ IFRS
③ GAAP

〈解答〉 ③

Q3　費用収益対応の原則に従えば，□□□□は関連する収益が認識されたときに認識する。空欄に入る最も適切な番号を選びなさい。

① 資産　　　　　　　　　　④ 収益
② 資本　　　　　　　　　　⑤ 負債
③ 費用

〈解答〉③

Q4　Kanemoto 社は数種類の商品を販売目的で購入した。同社は商品の仕入時に売上原価を認識したが，この処理は□□□□に反している。空欄に入る最も適切な番号を選びなさい。

① 継続企業の公準　　　　　④ 貨幣的評価の公準
② 取得原価主義　　　　　　⑤ 収益認識の原則
③ 費用収益対応の原則

〈解答〉③

Q5　IFRS は□A□が作成し，米国の会計基準は主に□B□が作成している。空欄に入る最も適切な組合せ選びなさい。

	A	B
①	ASBJ	FASB
②	FASB	ASBJ
③	FASB	IASB
④	IASB	ASBJ
⑤	IASB	FASB

〈解答〉⑤

Chapter 14　Useful Financial Information（有用な財務情報）

Q1　財務諸表が有用であるべきだとすれば，それは□□□□で，表現しようとしているものを忠実に表現しなければならない。空欄に入る最も適切な番号を選びなさい。

① 比較可能　　　　　　　　④ 理解可能
② 目的適合的　　　　　　　⑤ 検証可能
③ 適時

〈解答〉②

Q2　報告企業に関する情報は，他の企業に関する類似の情報や，別の期間または別の日の同一企業に関する類似の情報を比較できる場合は，より有用である。□□□□は，項目間の類似点と相違点を利用者が識別し，理解することを可能にする質的特徴で

ある。空欄に入る最も適切な番号を選びなさい。

① 比較可能性 ④ 理解可能性

② 目的適合性 ⑤ 検証可能性

③ 適時性

〈解答〉①

Q3 財務情報の報告にはコストがかかり，それらのコストがその情報を報告することによる□□□□により正当化されることが重要である。空欄に入る最も適切な番号を選びなさい。

① 便益 ④ 収益

② コスト ⑤ 利益

③ 費用

〈解答〉①

Index (索引・英語)

Index（索引・日本語）

《著者紹介》

清村 英之（きよむら　ひでゆき）

[略　　歴]

1963年	沖縄県那覇市に生まれる
1987年	日本大学商学部卒業
1993年	成蹊大学大学院経営学研究科博士後期課程単位取得満期退学
1993年	北海学園北見大学商学部専任講師
1998年	北海学園北見大学商学部助教授
2001年	沖縄国際大学商経学部助教授
2003年	沖縄国際大学商経学部教授
2004年	沖縄国際大学産業情報学部教授（現在に至る）

[主要著書]

単著『精説現代簿記』税務経理協会，2004年
　　『簿記が基礎からわかる本（第4版）』同文舘出版，2022年
編著『財務会計テキスト：簿記会計的アプローチ』同文舘出版，2023年
分担執筆・項目執筆
　　『やさしい英文会計』中央経済社，1998年
　　『会計学大辞典（第5版）』中央経済社，2007年
　　『財務会計の基礎理論と展開（第2版）』同文舘出版，2014年　他多数

2015年10月5日	初　版　発　行	
2019年3月5日	初 版 2 刷発行	
2019年7月10日	第 2 版 発 行	
2024年3月15日	第2版3刷発行	
2024年7月5日	第 3 版 発 行	略称：英文基礎(3)

英文会計が基礎からわかる本(第3版)

著　者	清　村　英　之
発行者	中　島　豊　彦

発行所　**同文舘出版株式会社**

東京都千代田区神田神保町 1-41　　　〒 101-0051
電話　営業(03)3294-1801　　　　　編集(03)3294-1803
振替 00100-8-42935　　　　　　　　https://www.dobunkan.co.jp

© H.KIYOMURA　　　　　　　　　　製版：一企画
Printed in Japan 2024　　　　　　印刷・製本：萩原印刷
　　　　　　　　　　　　　　　　　装丁：オセロ

ISBN978-4-495-20333-7

簿記が基礎からわかる本
（第4版）

清村　英之　著

A5判　252頁
税込 2,530 円（本体 2,300 円）

財務会計テキスト
―簿記会計的アプローチ―

浦崎 直浩・清村 英之　編著
鵜池 幸雄・多賀 寿史

A5判　256頁
税込 2,970 円（本体 2,700 円）

同文舘出版株式会社